JN418293

단풍이 곱던 날

김복임 수필집

교육과학사

머리글

무엇이든 하면 다 될 줄 알던 풋나기 시절에는 생각이 짧아 하려는 일에 생긴 착오로 고통스럽기까지 했다.

세월이 가고 나이가 들어도 생각은 크지를 못해 하루에도 몇 번씩 거센 바람에 흔들거린다. 아무것도 아닌 자신이 무엇이나 된 듯 스스로를 과장하고 체면때문에 별것 아닌 일에 눈치 보며 다른 사람을 위해 사는 것은 그만하고 얼마 안 남은 시간은 '나'를 위해 살려고 한다.

우리는 원하는 것을 다 가질 수 없어 항상 선택을 하면서 살아간다. 가장 만족스러운 결과를 얻기 위해 올바른 선택을 해야 한다. 노력만으로는 되는 일이 아니어서 만족스러운 결과를 기대할 수 없지만 글쓰기는 올바른 선택이었다.

그것은 정신을 집중하여 마음을 모으는 일이며, 진심이 아니면 안 되는 일이다. '나' 스스로를 살피며 자신을 알려는 노력이기도 하다.

내 것이 아니면서 욕심내는 어리석음을 다스리고, 삶을 쥐고 마음을 흔드는 것에 생각치 않은 지혜가 얻어지기도 한다.

한 걸음 한 걸음 꼭꼭 가슴에 새기며 진실한 정성을 바친 '나'를 또 한 번 알몸으로 내놓는다.

예쁘게 보여 사랑받으려는 여인이 뺨에 연지를 바르듯 '더 잘해야지'라는 진심을 녹인 내 글이, 바람 불고 눈 내리는 밤에 돌아온 연인을 반기듯 사랑받았으면 좋겠다. 성숙한 화장을 하고 부드러운 시선을 주는 여신의 모습 같은 글은 못 되지만, 마음이 통하여 행복을 느낄 수 있는 가치있는 일이기를 소망한다.

가슴이 울렁거리고 맥박이 빨리 뛰는 것이 사랑이다.

글쓰기가 그렇다.

많이 부족하여 부끄럽다.

2018년 12월

김복임

〈단풍이 곱던 날〉의 출간을 축하하며

김복임의 〈단풍이 곱던 날〉은 다양한 주제에 대한 생각을 풀어 놓은 수필집이다.

이 책에서는 꽃의 눈물이 느껴져서 꽃집에 가지 못하는 소녀 같은 여린 감성을 지닌 그녀를 만날 수 있다.

또한 뼈를 깎는 고통으로 작곡을 하는 남편에 대한 존경과 사랑도 읽을 수 있다. 지문이 지워지도록 바이올린 연습을 한 자식에 대한 애정도, 단풍이 곱던 날 돌아가신 어머님에 대한 그리움도 읽을 수 있다. 그 외에도 신의 선물 같은 손녀들이 주는 기쁨, 이웃이나 친구에 대한 이야기, 글쓰기에 대한 그녀의 고뇌, 여행기 등등 이 책을 통하여 우리는 그녀의 삶과 생각을 들여다보며 함께 공감할 수 있다.

긴 시간 동안 하나씩 써서 간직했던 소중한 글들을 모아 이렇게 한 권의 책으로 출간하게 된 것을 진심으로 축하드린다.

2018년 12월

교육과학사, 자성 김동규

차 례

단풍이 곱던 날

여행기

후기

단풍이 곱던 날

꽃

꽃을 보면 마음이 안정되고 기분이 좋아진다. 튜울립은 생긴 모양이 찍어낸 듯 일정해서인지 영혼이 없는 꽃같이 생각되지만 활력을 준다. 장미와 백합은 영혼이 있는 것처럼 보인다. 어떤 꽃은 웃는 것 같기도 하고 어떤 꽃은 생각에 파묻혀 슬픔에 잠긴 듯하다.

멀리 북미 대륙이 고향이라는, 오직 태양만을 침묵으로 응시하며 특징도 향기도 없이 얼굴만 넓적한 해바라기와 접시꽃처럼 정직하게 곧으며 수수하게 보이는 꽃들을 보면 사람들의 삶을 대변하는 듯 하기도 하다. 보랏빛 꽃송이를 수술처럼 달고 향기도 그윽한 히야신스는 차분한 느낌을 준다. 예쁘고 아름다움의 징표인 꽃을 좋아하지 않는 사람은 없으리라.

꽃을 많이 대한 심성은 나쁜 짓을 하지 않을 것이다. 아름답고 부드러운 것을 이기는 것은 없을 테니까.

정이 깊은 친구가 꽃집을 개업했다고 초청을 했다. 잘된 일이라고 축하하러 꽃집 안에 들어서니 온갖 꽃들이 찬란한 몸짓으로 반기며 향기를 뿜어낸다. 한 켠에서 꽃가위 소리가 쉴 새

없이 들렸다. "찰깍 찰깍." 꽃 가위 소리 뒤에서 또 다른 소리도 들렸다. "아파요. 아파요. 내 팔과 다리를 그렇게 자르면 아파요." 꽃들의 비명 소리이다. 꽃집에 들어설 때만 해도 꽃들은 자태를 뽐내며 자랑스럽게 향기를 풍기더니 가위질에 맥을 못 쓴다.

꽃잎이 머금은 이슬방울이 꽃의 눈물로 보이는 나의 눈과, 꽃가위 소리가 꽃의 비명으로 들리는 나의 귀 때문에 정이 깊은 친구를 자주 찾을 수가 없었다. 발길이 끊기자 친구는 우정이 변한 나쁜 친구라고 원망했지만 나쁜 친구로 남는 것이 오히려 친구의 꿈을 방해하지 않는 착한 일이라고 생각했다. 흥겨운 꽃 잔치를 베푸는 나무를 보고 있으면 꽃이 된 듯 황홀하고 자연의 신비에 감동한다. 사랑과 감사가 넘치는 기쁨에 저절로 고개가 숙여진다. 이것은 은총이다.

삶이 사랑으로 빛나던 시절, 그는 나에게 백합 같다고 했다. 백합을 좋아하는 사람이라고 생각했다. 뱀의 유혹에 넘어간 이브가 금단의 열매를 따먹고 에덴의 동산에서 쫓겨나면서 세상의 온갖 고통과 악을 알게 되어 후회하고 흘린 눈물이 땅에 떨어져 백합이 되었다는 순결의 꽃. 백합 같다는 말에 어머니는 "그 청년 눈에 낀 콩깍지가 두껍구나." 하시며 "백합처럼 살아가라는 말이 아니겠느냐." 고 덧붙이셨다. 두 손 잡고 함께하기 반백년이 넘은 지금도 그는 나를 백합같다고 생각하고 있을까? 이

제 팔순이 눈앞에 어른거리는 그, 내 가슴속에는 여전히 이십 구세이다. 연로한 가장의 생일이면 건강하고 아름다운 백수를 염원하는 정성으로 백 송이 백합을 선물하고 싶었다. 꽃가게 안에 이슬 머금은 싱싱한 꽃이 가득했지만 되돌아섰다. 내년에나 사야지, 내년에는 꼭 사야지, 되뇌이기를 십 년도 더 넘었다. 해마다 꽃집 앞에서 되돌아서는 발길은 생화를 보면 상처받은 마음같이 아프며, 알 수 없는 슬픔을 누를 수 없기 때문이다.

꽃다발이 되기 위하여 가지로부터 잘려 나온 꽃, 이들은 우리에게로 오기 전 가위질이라는 고문을 당했을 것이다. 아무리 싱싱한들 뿌리가 없으니 며칠만 지나면 고개를 떨구며 말라죽게 된다는 생각이 내 손으로 생화 한 송이 사지 못하게 한다. 이러다가 살아생전 꽃 한 송이 못 전하고 정해진 수를 다해 세상 밖 먼 길 떠날 때 후회하며 천 송이 만 송이 바치게 되면 무슨 소용일까.

어쩌면 말라 죽을 걱정 안 되는 조화가 마음 편할 수 있지 않을까.

가끔 우리에게 온 생화는 이웃에게 얼른 보낸다. 어쩌다 꽃병에 꽂게 되면 시들고 말라도 꽃의 주검을 버리지 못한다. 혹 생기를 찾아 살아날 것 같은 기대감 때문이다. 꽃잎은 말라 갈가리 부서져 주위가 지저분해도 못 본 체한다. 어느 날 보다 못한 가족이 치우면 "아! 꽃은 이제 갈 데로 갔구나." 하고 그때서야 나는 포기한다. 사람들은 꽃이 시들면 기다렸다는 듯 그냥 버린다. 그러나 사색하는 사람은 꽃이 시들 때 비로소 꽃의 아름다움을 본다고 한다.

꽃에게도 생명이 있었던 것은 분명한데 영혼도 있었을까. 꽃은 하느님이 지으신 가장 아름다운 것인데 영혼을 넣는 것을 깜빡 잊으신 것 같다. 사람도 생명이 있을 때나 살아 있는 것이지 들이 쉰 숨 내 쉬지 않으면 죽었다고 한다. 땅에 묻히면 한 줌 흙이요, 화장하면 한 줌 재가 되니 무상하다고 한다. 꽃도 사람도 자연에서 왔으니 자연으로 돌아가는 것은 마찬가지 아닌가.

쏜살같이 흐르는 보석같은 시간은 손에 쥔 모래알처럼 스르르 빠져나간다.

꽃은 말이 없어도 사랑을 알게 하고 평화와 사람사이에 정을, 그리고 꿈을 가르쳐 준다. 가지에서 잘린 뿌리없는 몸이지만 그 아름다움으로 사람에게 마음이 감동되는 경험을 하게 하며, 이웃을 위해 십자가에 달린 그분처럼 사랑을 나누기 위해 희생하는 것이다. 꽃을 보고 음악을 들으며 잃어버린 지난 날을 잠깐 만나는, 그래서 살아가는 보람을 느끼게 하는 꽃 같은 사람이고 싶은 마음에 백합처럼 하얗게 웃어본다.

화장

거울 앞에서 입술과 눈썹을 그리고 볼 터치를 하는 동작은 좋은 작품을 만들기 위해 고뇌하는 미술가의 자세와도 같다. 하지만 화장으로 자신의 사회적 품위와 생활수준을 과장하고 누구에게 잘 보이기 위한 것은 아니다.

더 예쁘기 위한 욕망보다는 추하지 않으려는 노력인 그것이 때로는 하느님으로부터 받은 얼굴에 분을 덧발라서 전혀 다른 얼굴을 만들기도 한다. 그중 볼 터치(연지)는 매우 먼 고대 때부터 전해진 풍습이라고 한다. 역대 왕들이 많은 비첩을 거느리고 있어 그 여자들 중 누구든 달거리가 있을 때는 왕을 가까이 못하게 되었다. 그것을 표시하느라고 연지를 발랐다고 한다. 지금은 빼놓을 수 없는 화장의 일부이다. 요즘 외모지상주의 병에 걸린 나머지 멀쩡한 얼굴에 손을 대어 똑같은 얼굴이 많은가 하면 떴던 눈이 감아지지 않는 일도 있나고 한다. 대학 입학 축하 선물로 딸의 쌍꺼풀 수술을 하기도 한단다.

분을 바를 때면 한 번씩 생각이 난다. 처음으로 화장을 하는 나의 모습을 보신 어머니가 "말 궁둥이처럼 허연 얼굴에 분을 바르니 어색하다. 안 바르는 게 훨씬 낫다."고 하셨다. 본래의 얼굴에 쏟는 정성과 시간낭비가 안타까우셨을 것이다.

그 때 속으로 "이왕 낳아 주시려거든 분가루 같은 것 안 발라도 예쁘게 낳아 주셨으면 좋았을 텐데, 전생에 메줏덩이가 아니었을까." 가만히 중얼거리곤 했다.

바삐 제한된 시간에 쫓길 때 밥은 못 먹어도 화장은 해야 하는 입장이 여인네들이다.

한창 붐비는 지하철에서 호기심어린 시선이 집중되는 곳이 있었다. 눈썹을 그리고, 분첩을 두드리고, 입술을 오므렸다 펴느라 바쁜 손놀림의 여인이 있었다.

정 · 하차하려는 차의 속도가 느려지자 잽싸게 아이라인을 그린다. 많은 대중의 시선을 집중시키며 화장하는 모습을 보여야 하는 이유가 무얼까. 밥을 못 먹더라도 화장을 했어야 한다면 이 경우는 밥도 거르고 화장할 틈도 없었던 게으름 탓이 아닐까라는 되지 않은 평을 해본다.

머리카락 위로 흘러간 세월에 바랜 지금, 내 얼굴은 분바르기를 매우 필요로 한다. 열심히 발라도 크게 달라지지도 않는다. 아까운 시간 낭비하면서 칠 하고 바르는 속에 숨어있는 의도는 나이 들어 자신의 얼굴에 책임을 져야하는 뜻이 담겨져 있어서가 아닐까.

자신이 살아온 삶의 표적을 고스란히 나타내는 얼굴, 아무리 화장을 잘해도 겉모습만 조금 나을 뿐이지 삶의 표시인 낯빛과 눈빛을 감출 수는 없다.

마음을 곱게 살아온 아름다운 얼굴은 화장이 필요 없을 것을……. 그렇지 못한 변명을 하느라 화장에 열중하는 것 같은 생각이다.

가만히 있어도 시간이 가져오는 주름, 얼굴과 손의 주름은 화장으로 웬만큼 감출 수 있지만 실제는 목 줄기 주름이 가장 정직하게 나이를 증명한다고 한다. 정성과 시간을 소비한 화장이 잘못된 부분이 있는지 화장을 끝낸 얼굴을 아들에게 내밀며,

"내 얼굴에 이상한 곳 없니?"

무슨 말인지조차 알아듣지 못하고 어리둥절 한다. 눈썹이 짝짝이로 그려졌는지, 입술 귀퉁이가 삐뚤지는 않는지, 분가루가 얼룩지지 않았는지 확인해야 할 것 같아서이다. 물론 거울을 보지만 거울보다 사람 눈이 더 정확할 것 같다.

가장에게 또 묻는다.

"내 얼굴 어색한데 없어요?"

잠깐 뜸을 들이더니,

"그래 예쁘다.(?) 누구한테 잘 보일라카노.

입술은 와(왜)그리 빨간노(빨갛냐), 좀 지우지"라고 한다. 화장이 진실을 속이는 겉치레로 보는 눈, 아마도 하얀 루즈를 칠해도 빨갛게 보는 눈을 가진 경상도 아빠들의 설득력 없는 직설적 고약한 매너는 못 말린다.

눈썹이 삐뚤고 입술이 지나치게 진한 화장이 잘못됐다고 말

하는 딸, 못생기고 철없이 부족한 엄마를 사랑하는 딸이 있으면 좋겠다.

딸 앞에서는 목숨처럼 중히 여기는 체면을 세우지 않아도 될 것 같고, 딸과 함께라면 아등바등하지않고 쉬면서 먼 곳에서 불어오는 시원한 바람을 마주하며 내 속에 숨어있는 욕심의 '나', 시기 질투의 여러 개의 나를 반듯하게 다듬고 싶다. 진실을 만났을 때 주눅들지 않는 정직한 하나의 '나'로 만들어 하늘과 세상에서는 볼 수 없는 훌륭한 꽃이 되고 싶다.

나무에 핀 꽃이 아닌 마음에 핀 꽃, 거센 바람에 흔들려도 지지않는 믿음의 꽃을 피워 화장 같은 것 안 해도 곱고 아름다운 '나'이고 싶다.

내가 좋아하는 사람

그는 먼 여행길에도 Y셔츠와 넥타이 차림이다. 양복 속에 갇힌 사람 같다. 그것이 많은 손질과 정성이 들어가는 모시나 비단 같은 고전의상인 한복이 아닌 것이 천만다행이다. 나는 그것들을 손질할 수 있는 능력이 전혀 없다. 평소에는 그렇다 해도 여행길에는 옷매무새가 편해야 할 것 같은데 안 그렇다. 다른 사람들은 여행길에 안 입어보던 옷도 입어보고 멋을 부리는 기회로 들떠 수선인데, 정장 옷차림만이 자신을 바르고 단정하게 한다고 여기는 것 같다.

어느 때 옷차림의 혁명을 일으켜 보려고 캐주얼 복장을 준비해 보았다. 정장에 익숙한 모습만 보아서인지 분위기가 사뭇 달랐다. 그런데도 마치 남의 옷을 빌려 입은 듯 새 옷인데도 허름하고 어색했다. 그는 일찌기 자기의 옷차림은 정장이 분수인 것을 알고 있었던 건 아닐까, 그래서 분석을 해 보기 시작했다.

어린 시절 깊은 산골에서 자외선 강한 태양빛에 그을린 피부는 어른이 되어서도 까맣다. 도시생활 반백년이 넘었어도 검은 피부는 희어질 줄 모른다. 아홉 남매 자녀분들 중에 혼자만

유일하게 검다. 아마도 의학적 용어를 빌린다면 돌연변이라는 생각이다.

교사 시절 학생들이 찾아와 "우리 감둥이 선생님 계십니까? 예" 한다. "깜둥이면 깜둥이지 감둥이는 뭐냐"고 하면 까만 것의 최상급 표현이라고 했다. 경남 창원 마산시내 한복판에 3.15 의거 탑이 있다. 깃발 높이 들고 있는 세 사람의 철제 동상이 검은 색이다. 우리 선생님은 마산에서 네 번째로 까만 사람이라고 했다. 1960년대 월남 갔다 온 사람들이 많이 까맣게 되어 왔을 때는 인사가 "월남 갔다 오셨습니까?"였다. 옆집 할머니가 "새댁 신랑은 뭐 하는 사람이고?"

"학교 선생입니다." 하면 "운동(체육)선생이구먼." 했다.

그는 곱고. 예쁘고, 아름다운 서정성 짙은 노래를 짓는 사람이다.

인생 전체를 보면 어린 시절은 매우 짧다. 어린 시절 어린이다운 노래를 부를 수 있는 기간은 3~4년에 불과하다. 어린이들에게 맑고 깨끗한 정서를 길러주는 것은 어른들의 몫이므로 어린이들을 위한 노래를 많이 만들어 가르쳐야 한다고 했다. 그래서 그는 어린이들로부터 많은 사랑을 받는 사람 중에 하나이다.

어린 시절 동심을 길러주는 동요를 불러 본 사람들은 어른이 되어서도 음악을 접하고 동심으로 돌아가려는 노력을 한다. 음악에 관심이 있는 사람들은 감명 받은 음악을 만든 작곡가를 만나 그 앞에서 노래를 부르며 메마른 삶의 무게를 덜고 격려를 받고 싶은 소망이 크다고 했다.

그가 노래를 하는 사람들에게 할 수 있는 최대의 예우는 손수 피아노 반주를 하여 노래를 잘 할 수 있도록 이끌어 주면서 순수하고 따뜻한 마음을 전하는 것이다. 그의 대문은 항상 열려 있어 누구든 마음만 가지면 만날 수 있다. 음악으로만 접하던 작곡가를 실제 만나면 그냥 안 넘어간다. 꼭 한마디씩 한다. "선생님 같은 분이 어떻게 이렇게 아름다운 곡을 쓰셨는지……."

정장도 싱글은 더 왜소해 보이므로 삼갈 정도의 단신에, 검은 피부와 꼬불한 머리카락, 질그릇처럼 투박하게 생긴, 시골에서 열심히 농사 짓는 외당숙 같은 분이라는 뜻으로 그렇게들 말하곤 한다. 손질이 잘 되어 옆으로 멋스럽게 뉘인 머리카락에, 반들반들 빛나는 하얀 피부에 잘 생긴 얼굴, 특이한 칼라의 옷차림 등. 곱고 예쁜 음악적 분위기와 일치되는 멋진 모습의 외모를 상상하다가 동떨어진 실제의 모습을 보고는 솔직함에 도를 넘어 그렇게 실례를 하는 것이다. 실례된 인사말을 덜 들으려면 옷이라도 반듯하고 단정해야 한다는 생각이 굳어 정장만이 분수라고 생각하는 것은 아닌지…….

사람은 태어나면 반드시 죽는다. 그런데 죽지 않는 방법이 있다. 자식을 낳아 나를 남기는 것과 내 사상과 정신을 예술로(문학, 철학, 종교, 사랑, 음악) 전하는 것은 죽지 않는 방법이다. 악성 베토벤은 사후 100년이 넘어서야 그의 음악이 알려지고 인정받아 오늘날 현대 음악을 하려면 베토벤(고전음악)을 공부하지 않으면 안 된다. 그러니 베토벤은 죽은 것이 아니다. 예술은 신의 영역이라고 한다. 그것은 매우 까칠하고 예민해서 영혼과 가슴의 만남이 없이는 이루어지지 않는다고 한다.

온갖 것을 비우고 내려놓지 않으면 안 된다. 몸은 굶주리고 그 생활은 빈곤하다. 가난과 고독이 뚫어놓은 외로움에 숭숭 뚫린 허한 마음을 메울 길 없는 게 예술인이다. 찬란한 물질도 부귀영화도 허한 마음을 채우지 못한다. 그들은 예리한 관찰과 판단이 분명하고, 군더더기가 용납되지 않는 단호한 자세에 눈매는 범상치 않다. 창작을 염두에 두고 살아가는 그들은 마음과 뜻이 괴롭고, 피를 말리며 뼈를 깎는 고통이 있다.

그는 일찌기 그 뜻을 알아 자신의 것이 아닌 것에 욕심을 내는 어리석음을 다스리고, 자신의 삶을 쥐고 마음을 흔드는 것은 생각지 않는 지혜로, 인생의 무상함을 헤아리어 삶의 참된 가치와 참맛을 알게 하려고 피와 땀과 눈물의 내공을 쌓는 수도자의 정신으로 곡을 쓴다. 작고 사소한 곳에도 시선을 주고, 타인의 기쁨에 감격하며, 삶이 살벌해도 한 잔의 막걸리로 낭만에 젖고, 일상에서 희망과 은혜 찾기를 위해 노력한다. 좋은 곳에서 손짓해도 거부하고 세상에 어느 것과도 비교할 수 없는 최고의 가치와 보람 있는 부자가 되어, 죽어서도 순수하고 따뜻한 음악인이었노라 기억되기를 바라는 마음으로 오늘도 묵묵히 음악의 발길을 멈추지 않는다.

지난날 부질없는 헛것에 붙들리어 무엇이든 하면 될 것 같았던 시절 가까이 지내는 성악가께서 "너그(너희)는 둘이 싸우면 누가 이기노?"라고 했다. 오만 방자의 극을 치닫는 태도로, 엄지 손가락을 발랑 뒤로 제쳐 꺾으며 "제가요. 제가 이겨요."

잘났다고 목청 돋워 큰 소리로 외쳐댔다.

"그래, 알았다. 이 선생이 니(너)를 많이 사랑하니까." 이럴 때 그는 마음속으로 (바람이 서늘도 하여…….)를 부르며 눈꼽 낀 누런 이빨의 못생긴 아낙네가 아쉽고 그리웠을 것이다. 이렇듯 수없는 시행착오와 오산 투성이 철없는 풋내기 시절부터 한 몸 되어 오십년 넘기를 한결같이 살아 왔다.

이제는 나이 들어 주름지고 극성맞은 할매의 주책도 감당해 주는 그가 있어 내 삶은 빛나고 어여쁘게 여겨진다. 어떻게 하면 그가 평온하고, 무엇으로 감사에 보답할까라는 기도의 마음으로 모시고 섬기는 자체가 행복인 나에게 그는 오늘도 내가 좋아하는 사람이다.

매미소리가 희미해지면서 여름이 가고 있다. 저녁 밥상을 차릴 시간이다. 언제까지라도 건강한 밥상을 차리고 싶다.

인연의 가지 끝에 열린 열매

하늘에서 좁쌀 한 알이 바람에 휘날리며 떨어지다가 하필 땅에 거꾸로 박혀있던 바늘 끝에 그것도 씨눈에 딱 꽂히는 것 같이 소중하고 특별한 것이 인연이라고 한다.

요놈은 태어날 때 매우 짓궂었다. 남들은 어머니 뱃속에서 열 달 만에 태어나는데 8개월 만에 1.8Kg 이른둥이로 세상에 나왔으니 말이다. 정상으로 태어나도 염려가 많은 게 신생아인데 체중미달이니 생사가 걱정되는 불안감은 이루 말할 수 없었다. 스무 살이 되어도 초등학교 입학이 어려울 것 같은 복잡한 생각뿐이었다. 요즘 같으면 인큐베이터가 해결하겠지만 그 당시 중도시인 마산에는 그런 시설이 없었다.

당시 신문지상에는 아프리카 기아들에게 도움이 필요하다는 기사가 실리곤 했다. 꼬불꼬불한 머리에 새까맣고 먹지 못해 초점 잃은 눈동자의 맥 없는 모습의 어린이 사진을 보면 가여운 생각에 절로 눈물을 흘렸다. 요놈은 아프리카 기아사진 모습 그대로였다. 데리고 외출을 하면 한 번씩 쳐다본다. 먹지를

않아 영양이 부족해서 언뜻 보기에 흑인 혼혈아로 보이기 때문이다. 아이 한번 보고 엄마 한번 보고 서너 번은 눈치 안 채게 훔쳐보다가 엄마 되는 사람의 모양새가 흑인의 부인(양공주)이 아닌 듯하니 신경을 끈다. 항상 건강이 염려되어 가슴 졸이며 허둥대는 와중에도 유치원 갈 나이가 되니 남보다 처질 것이 염려되어 한글 기초라도 알게 하려고 했다.

"공부를 열심히 해야 훌륭한 사람이 된다."고 했더니 "어머니나 열심히 공부하시어 훌륭한 사람 되세요."라고 한다. 어느 날 아침 배우지도 않은 피아노 전문 협주곡의 일부를 소리 내어 치는 것이 이상했다. 악보가 있는 것도 아닌데 다섯 살짜리가 똥똥 소리를 내고 있었다. "어떻게 알고 치는 거니?"

"어제 음악회 연주에서 형아가 피아노로 친 거예요."

(그 형아는 현 피아니스트 겸 지휘자 김대진으로, 리라 초등학교 4학년 때 피아노 협연자였다.)

보통 사람과는 다른 절대 음감을 타고난 것을 알게 되었다. 음악의 길로 가려는가. 그 길은 예삿길이 아니므로 심히 걱정되는 일이었다.

요놈의 초등학교 입학식 전 날, 축하해야 할 일임에도 불구하고 목이 메이고 가슴이 짓눌리어 울었다. 부실한 나룻배에 몸을 싣고 홀로 망망대해를 헤쳐 나가야 하는 생의 고난이 시작되는 첫걸음이 안스러웠다. 내 속을 알아차린 이른둥이의 아빠는 냉정했다. "학교도 안 보내고 옆구리에 끼고 돼지새끼 만들거냐" 고 핀잔을 준다.

건강을 위한 일에 집중하느라 허둥대는 시간은 길기만 했다. 어느 날 그나마 젓가락이 두어 번 가는 음식에 손을 대지 않는 것을 보고 "네가 잘 먹는 것인데 왜 안 먹었니?" 했더니 "아빠가 잘 드시니까요" 한다. 제 아버지의 젓가락이 두 번만 가도 음식에 손을 대지 않는 것을 알게 되었다. 어린것의 마음에 효심이 싹트고 있는 것이 감사했다. 해서, 돈 버는 사람 아니고, 윗자리에서 명령하는 사람 아닌, 용기 있고 남을 배려하는 아름다운 사람이 되기를 간절히 소망했다.

요놈의 할머니께서 미수(88세)에 세상을 뜨셨다. 하관하고 고인의 유택이 단단해야 한다고 모두 묘 봉 위에서 분주히 흙 밟기를 하는데 옆에 있는 소나무를 붙들고 서있는 청년이 있었다. "점마는 (저 놈은) 와(왜) 흙 다지기를 안 하노." 달려가 함께 흙 밟기 할 것을 말했다. "흙 아래 할머니가 계신데요."한다.

시각이 남다른 사람에게 강요할 일이 아닌 걸 알고 아름답게 살라 한 것이 잘 한 일인지, 참으로 경박한 세상살이가 힘겨운데 라는 생각에 우울했다.

요놈이 무슨 생각으로 살고 있는지, 무엇이 목표인지, 염려스러운 걱정으로 어느 날 나는 해서는 안 될 일이지만 아이의 책상을 뒤졌다. 책상서랍 깊숙한 곳에 비닐 코팅으로 단단히 아주 철저히 만든 투명한 부분에 "나의 비밀, 누구든 보면 안 된다."라는 경고문까지 적혀 있었다. 뜯어보니, 부모님께 효도하고, 대학을 가고 장가를 가야한다는 내용이다.

초등학교 때부터 학업에 성실하여 대학을 가야 부모에게 효도하는 것이고 장가도 가는 것이라고 강하게 인식시킨 것에 실소했다. 예나 지금이나 대한민국의 모든 부모는 자녀들의 대학문제가 공통된 고민이다. 비극이 아닐 수 없다. 장가(결혼)가 여행이라도 가는 것으로 아는가. 개념도 모른 채 대학을 가야만 갈 수 있는 문제라고 생각한 것 같으니 말이다.

일과 시간에 쫓겨 숨쉬기도 바쁜 가장에게 제 마음이 "이래요, 저래요."라며 상대해 달라는 처지가 못 된다. 가족이 셋 뿐이니 말 한마디 나눌 상대는 오로지 요놈 하나 뿐, "얘야, 네 아빠께서 내가 하려는 일에 찬성을 안 하시니 마음이 많이 상하려고 한다." 응원을 기대하며 말했다. 말할 틈이란 밥 먹을 때 뿐이다. 먹던 밥 급히 끝내고 수저 반듯이 놓더니 "저는 어머니가 이해가 안 됩니다. 아빠는 머리도 좋고 사회생활에 능숙하시니 아빠가 하라는 대로 하면 아무 문제없을 텐데요, 학교 다녀오겠습니다." 내 속으로 낳아 이십여 년을 내 살 조각이라고 껴안고 부벼대온, 몸과 마음이 내 일부라고 믿어온 요놈이 아주 멀리멀리 떠나간 듯 남이 된 소외감은 충격이었다. 슬픔을 넘어 뼛속을 누비는 아픔이다.

'아들은 아버지의 자식이라더니.' 저녁에 가장에게 하소연 했다. 위로는커녕 "그 애가 젖먹이요, 곧 대학생이 될 자식의 성장을 잡아 매려하오." 딱하다는 표정이다. '품안에 자식이라더니…….' 품안에 있는 줄 알았더니 품속에 넣으려 해도 어미보다 두 배 세 배는 커버린 것을…….

하여, 정신도 성장해서 성인이 된 것을 미처 헤아리지 못하고 품안에 넣으려는 미련함 뿐이었다. 요놈은 어느새 시야가 넓어져 있는데 어미는 아직도 미숙하여 성장을 멈추고 있음을 깨닫지 못한 것이다.

요놈의 주민등록증을 발급 받으러 동사무소에 갔다. 담당 직원이 알 수 없다는 듯 고개를 가로 젓고 있다. 그러더니 각 경찰서나 동사무소 벽에 얼굴 사진과 함께 붙어있는 범죄 신고자 전단지를 보고 왔다. 그리고 얼굴을 여러 번 쳐다본다. 간첩이나 범죄자 같이 지문을 숨겨야 하는 특정인이 아닌가 의심하는 것 같은 굳은 표정으로 지문이 안 나온다는 것이다. 지문을 살려서 와야 한단다. 귀신도 싫어한다는 고3 입시생이 지문 살릴 시간이 어디 있느냐고 사정했다. 초등학생 때부터 바이올린 줄에 시달린 손가락의 지문이 닳아 지워져 나타나지를 않는 것이다.

바이올린은 독주 악기로서 뿐만 아니라 오케스트라의 주체를 이루고 있는 악기의 여왕이다. 바이올린 통과 목 어깨사이의 어깨 받침과 땀받이 수건이 닿는 부분의 피부는 때를 닦아내지 않은 듯 꺼멓게 보인다. 여름철에는 공기가 건조해서 음을 낼 수도 펼 수도 없는 악기를 다루다 보니 지문이 지워지고 턱 밑의 검은 굳은살은 일반적으로 알기 쉬운 일이 아니다. 목관 악기 주자들의 입술은 두텁게 뒤집어진 경우도 있다. 섬섬옥수 피아니스트들의 팔뚝은 건축 일용직 노동자의 근육, 그것보다 더 발달되었고 팔의 힘도 강하다. 적어도 십년 이상 된 각고의 고된 연습은 끝이 없고, 연주결과는 늘 허기지고 만족이 없는 것이 연주자들이다.

유학중 방학 때 집에 오면 초저녁부터 시작한 연습이 다음날 아침까지도 끝나지 않는다. 배우고 공부했다고, 가늘고 높은 아름다운 소리를 내는 아이의 몸짓에 나는 무한한 사랑과 존경을 바친다. 많은 시간의 고된 연습은 영혼의 상처를 다독여 일상생활에 먼지를 씻어내고 세상에 맑은 향기를 뿌린다. 또한 혼을 녹여 빚어낸 그 소리는 인간 세상을 한가롭게 하고 사람의 마음을 순수하고 풍성하게 하려는 염원이 된다.

학교로 돌아가면 외국인 교수에게 격려 받고 노력한 보람과 가치를 지키려는 자존심 때문이었을까. 학교로 돌아갔지만 그 방에서는 끊임없이 바이올린 소리가 내 귀에 들려온다. 바이올린 소리에 끌려 빈 방인 것을 알면서도 뛰어가 문을 연다. 아무도 없지만 소리는 들린다. 방안 가득한 소리는 그의 숨소리이기도 하다. 가늘고 높은 소리는 성능이 좋은 약음기를 끼워도 먼 곳까지 들려온다.

먼 곳으로부터의 연습소리는 그리움과 함께 메아리 되어 빈 방을 채우고 내 가슴을 적신다. 어미는 자식 그리는 마음에 목이 메인다. 요놈은 웬만한 고초는 달게 받을 각오로 스스로 선택한 음악의 길이 행복하다고 했다. 대학 재학 시 코끼리가 바늘구멍을 통과한다는 KBS 교향악단에 입단하였다. 대학 재학생에게 전례가 없었던 일이라 선후배들에게 용기를 주는 계기가 되는 좋은 일이라고 했다.

그리고 십여 년의 유학 생활을 마치고 돌아와 학생들과 같이 연주하고 공부하는 일이 보람이라고 한다. 꽃같이 예쁜 두 딸을 보면 성공한 예술 작품을 보는 것같이 황홀해서 눈부시다고 한다. 두 딸을 잘 키워야 할 텐데 걱정하는 눈치를 알면 "어머니가 걱정하시는 그런 떨(부족한)한 놈은 아닙니다."라고 한다.

사회와 가족으로부터 짊어진 책임과 의무를 다할 때까지 많이 생각하고 노력하겠다는 뜻일 것이다.

요놈은 함께 있으면 마음이 따뜻하고 기쁘다.

보고 있으면 고맙고 감사하다. 뮛등에 꽃이 피기를 바라지 않는다. 자손이 부귀 영화를 누리고 출세하기보다는 건강하기를, 그리고 아무것도 바라지 않는데서 오는 아름다운 평화를 누리는 삶, 세상의 모든 축복 중 가장 가치 있는 보통의 삶을 살라고 권하고 싶다. 원숭이처럼 못난 자식의 얼굴도 최고인 양 예쁘게 보는 평범한 어미로, 손녀들에게는 사랑이 있는 보배같은 할머니이기를 소망한다. 그리하여 마지막 순간까지 인생이란 터전에서 무엇이든 열심히 배우는 삶으로 장식하고 싶다.

내 인연의 가지 끝에 열린 열매들(아들 문규, 며느리 윤민아, 손녀 채원, 동은), 고맙고 감사하다.

어려운 상황 속에서 흔들리지 않는 의지와, 위험을 두려워하지 않는 용기를 지니고, 한계를 뛰어 넘는 과정의 반복으로 깨달음에 이르면 좋겠다. 부족한 가운데서 넉넉해지고 분수에 넘치지 않는 삶을 이루기 바라는 간절한 마음이다.

어느 강의

봄.

연초록 어린잎들이 가만히 실눈을 뜨고 바람은 달콤한 향기를 안고 코끝을 간질입니다. 갈라진 시멘트길 틈새로 뾰족이 내민 작은 풀잎의 생긋이 웃는 얼굴이 신비롭습니다. 흙 위로 올라오기도 어려울 텐데 깨진 시멘트 틈새를 찾아 나오느라 긴 긴 겨울동안 많은 수고를 하였을 것이라는 생각을 하니 애처롭기까지 합니다. 틈새를 비집고 당당히 솟아오른 것은 분명 풀잎의 성공입니다. 나도 풀잎처럼 당당하고 용감했었는지, 그리고 성공적일려고 최선을 다 했었는지 생각해 봅니다.

오늘은 처음으로 시작하는 수필 강좌시간입니다.

번개머리에 키높이 구두, 검정색 바지의 롱 다리, 검정 Y셔츠에 흰 넥타이를 맨 젊은이의 강의를 들으며 한 조각 꿈같았던 지난날을 되돌아보게 될지, 호기심으로 살짝 흥분된 마음이 울렁거릴 때 그 분은 넘치지도 모자라지도 않은 올곧은 정신과 당당한 체격에 단정한 모습으로 다가오셨습니다.

세속에 찌들어 나이 값을 못하여 모양새 없이 늙는 것이 현대의 문제이고 성급함과 나태함은 현대인의 죄악이라고 하십니다.

그 분의 강의는 한낱 꿈도, 번개머리의 강사 따위는 부질없는 물거품으로 사라지게 하고 옷깃을 여미며 지금의 나를 성찰하게 합니다. 구구절절 가슴속에 박힙니다.

여름.

연초록 잎새들이 어느덧 진초록으로 옷을 갈아입었습니다.

"삶은 자신을 믿고 역경을 이기는 힘과 희망과 용기입니다." 라는 그 분의 강의는 땀나고 더운 지금 자연과 인생을 성장시키는 계절에 구구절절 가슴속에 박힙니다.

가을.

빨간 손이 흔듭니다.

햇살 머금고 화사하게 빛나는 노란 손이 아름답습니다.

푸르기만 하던 숲이 제각기의 빛깔로 자신의 개성을 나타냅니다.

누렇게 널브러진 들판이 한 없이 넓게 펴져있습니다.

고딘한 세싱살이에 빈대기처럼 오그라든 주름진 가슴을 펴고 빨간 손, 노란 손과 악수합니다.

"이 세상에 태어나면서 병든 사람, 늙은 사람, 죽어가는 사람의 세 천사를 만나게 됩니다. 한 번 태어난 인생 어떻게 살 것인가, 그리고 어떻게 갈 것인가를 고민합니다. 곧 밖으로 다 떨어지고 안으로 분주한 계절을 맞이할 것입니다."

오늘도 그 분의 강의는 구구절절 가슴속에 박힙니다.

햇살은 힘을 잃고 저만큼 멀어져갑니다. 찬란했던 가을이 혼자서.

겨울.

삭막하고 짜증나는 힘든 삶을 모른 척 참고 지금 여기까지 온 것은 매우 기특한 일입니다. 자기 생각과 조금만 다르면 무조건 배척하고 남을 헐뜯고 비방하면 쫄짜 취급하고 무시하면 됩니다.

당당히 제 주장 펴고 남의 비판을 쿨하게 받아들이는 자세가 필요합니다.

오늘도 그 분의 강의는 이어집니다.

자연은 때가 되면 버릴 것은 다 버립니다. 땅 밑에서는 새 생명을 잉태하기 위한 준비로 대단히 바쁜 겨울이 될 것입니다.

이 겨울 나 자신을 만나는 시간을 만들어 그 분의 말씀을 실천이라는 꽃으로 아름답게 피워 올리겠습니다.

내 이웃

일반적으로 남이 나보다 나아보이고 잘 되는 것 같으면 부글부글 속을 끓인다. 왜 그럴까. 그것에 예외일 수 없는 나는 어떤가. 자기 자신 외에는 안 된다는 자기 도취적 욕망이 강한 여자의 마음은 하다못해 남편이 암 고양이를 가까이 해도 샘이 난다고 한다. 남과 비교하지 않는 것만으로도 성공한 삶이라는 말씀을 들었다. 남이 잘 된 일에 일단 속 끓이기를 하고 난 후에야 축하를 하게 되는 이유가 무엇인지를 화두로 한 동안 고심해 보았다.

답이 있었다. 사람은 태어날 때 이미 시기와 질투를 등에 업고 태어난다는 것이다. 살아가면서 그것을 떼어내는 각고의 노력이 인간 삶의 길이며 지혜라고 한다. 지혜는 배우는 것이 아니라 공평한 마음이 있어야 생기는 것이고, 두려움도 미움도 없으며 착함을 지키는 의무가 있는 것을 알게 하는 깨달음이 있어야 한다. 오직 깨달음을 얻기 위해 아직 한창 뺨이 붉은 나이에 잿빛 승복을 입고 입산하여 고독한 고행길을 택한 사람도 있다. 그분들에게 머리 숙인다.

감사해야 할 많은 일들을 제쳐놓고 더 좋은 걸 바라는 욕심

때문에 남을 헐뜯는 일이 생긴다. 때로는 알지도 못하면서 말을 할 때가 있다. 잘 알지 못하면 아예 말을 하지 않아야 하는데, 이것은 펄펄 끓는 기름 솥에 혀를 박는 무서운 일이라고 한다.

제석천왕이 인간의 숫자만큼 주머니 두 개씩을 꿰매어 하나는 자기 허물을 넣고 또 다른 하나는 남의 허물을 넣어 목에 걸고 자기 허물도 볼 수 있고 남의 허물도 볼 수 있도록 주머니를 꿰어 주었는데 목에 걸 때 양쪽으로 걸어야 할 것을 잘못 걸어서 남의 허물 주머니는 앞으로 걸고 자기 주머니는 뒤로 가게 하여서 밤낮으로 남의 허물만 보게 되었다고 한다.

우리는 사는 목적도 모른 채 참된 가치관과 살아가는 의미도 모르고 살다가 죽어 묻히면 한 줌 흙이 되고, 화장하면 한 줌 재가 되니 무상한 것이 인생이다. 돈키호테 묘비명에 "미쳐서 살다가 정신 차려 죽는다." 라고 씌어 있다고 한다. 부질없이 지내다가 뒤늦게 뉘우친다는 뜻이다. 어떻게 사는 것이 정신 차려 사는 것인지, 어찌해야 인생이 무상하지 않을 것인지 어렵고 막연하다.

가고, 오고, 올라가고 내려가는 그네뛰기와 같은 삶의 한 귀퉁이를 깨우쳐 주는 이웃이 있다. 시기 질투도 등에 업지 않고 허물주머니도 양쪽으로 잘 걸고 정신도 똑바른 이웃이다. 바쁜 직장 생활 속에서 구순이 넘은 부모님을 가까이 모시고 정성을 다한다. 퇴근시간에 맞추어 기다리는 부모님께 전화 드리고 먹거리 준비 등 부모님의 필요사항을 꼼꼼히 살핀다.

뿐만 아니라 이웃인 우리에게도 틈틈이 부모님처럼 섬기느라 수고를 아끼지 않는다. 공부하러 멀리 간 아들대신 우리 가장의 발이 되기도 하고, 각종 필요 사항이 있으면 몸을 아끼지 않고 살펴주며, 연중행사 손님맞이 먹을거리 준비에도 많은 수고를 한다. 단단하고 딱딱한 백여 마리의 꽃게 등딱지 떼는 거칠고 힘든 일을 도와서 양념 꽃게장을 좋아하는 여러 사람들의 입맛을 돋우는 데 공로가 크다. 주말이면 농장에서 여러 가지 야채를 가꾸며, 농작물을 거둘 때면 우리에게도 나누어 준다.

어느 해 전국적으로 배추농사가 망가져 배추 구입이 어려웠을 때, 이웃을 섬기는 것은 '잘 하는 일'이라고 칭찬하며 격려하는 그의 오빠(이수익, 전직 IBM임원)께서 각 형제들에게 분배된 몫을 덜어 우리의 김장거리를 마련해 준 적도 있었다. 언젠가 좋은 음식 대접하고 싶다. 실상 효도란 특별하고 큰 일이 아님에도 실행을 못하니 불효가 된다.

내 이웃이 행하는 작은 것 같은 일이 큰 효도이고 사랑인 것을, 그 모습 속에서 내 자신이 부모님과 모든 일에 어떠했었나를 생각하며 반성한다. 그는 내 마음속의 스승이다.

모두에게 따뜻한 눈길로 사소한 일에도 관심을 갖고 부모님께 못한 것을 내신 나른 사람에게 보납하며, 응징보다는 용서를 구하고 침묵으로 평화를 지키라는 당부를 한다. 부모님께 효도하고 형제와 우애가 깊은 내 이웃은 가난이 씨를 뿌려도 다툼이 없을 것이고 가야금과 피리의 합주와 같은 부부이다.

늦은 밤까지 돌아 오지 않으면 무슨 사고가 났는지 생각하며 걱정이 되고, 어떤 어리석은 말도 흉허물 없이 말할 수 있는 사랑의 끈으로 동동 동여맨, 어머니 자리를 메워주는 나의 이웃이다. 일상생활에 먼지를 씻어내게 하고, 영혼을 통해서 슬픔과 기쁨을 느끼게 한다. 나쁜 것이 있을 수 없는 음악을 만드는 가정과의 인연을 은총이라 여겼기에 나의 이웃은 30년 넘는 오랜 시간을 우리 가정과 함께할 수 있었으니 이 또한 음악의 힘이기도 하다.

한 그루의 나무, 길섶 풀 한 포기라도 사랑하며, 내 것이 아닌 것에 욕심내는 어리석음을 다스리고, 내 삶을 쥐고 마음을 흔드는 것은 생각하지 않는 지혜로 인생의 허무를 내다보는 마음의 작곡가 선생님을 섬기는 일은 행복하다고 한다. 작곡가 선생님의 검고 투박한 얼굴의 미소는 아픈 마음을 위로 받게 하고, 낮은 곳에 있는 이들에게는 더없는 희망을, 언제 보아도 천진한 어린이 같고, 따뜻하고 진솔한 선생님을 부족하나마 정성으로 섬기는 것이 다른 어떤 것보다 가치 있는 일이라고 겸손해 한다.

고도로 발달된 산업사회에서 거칠고 메말라서 남의 곁눈질에 주눅들며 살아가는 고된 감정을 추스르게 하는 따뜻한 이웃인 한갑훈, 이선녀 부부를 의리와 은혜로서 가까이 하고 언제까지라도 사랑할 것이다. 날개 없는 천사 선녀, 실제 이름이 선녀이다. 사랑해요, 이선녀.

내가 갖고 싶은 것

인간이 만들어 낼 수 있는 것 중 생명체에 가장 가까운 것은 자동차라고 했다. 교통 법규를 지키면서 차를 운전하는 것은 기분이 좋다. "왼쪽으로 갈 거예요, 오른쪽으로 갑니다, 잠시 멈춥니다, 미안합니다." 등 기계인 깜빡 등으로 내 생각을 나타내는 것이 신비롭다.

감정이 없는 기계지만 관리만 잘 하면 절대 배반하지 않는다. 뭇 사람들은 어떤가. 마음 안 다치게 하려고 감정 관리에 최선을 다해도 배신이라는 쇠뭉치로 두들겨 맞게 된다. 어찌 생각하면 기계인 차만도 못한 사람들도 있다는 생각이다.

대형 승용차가 대세이던 시절, 친구가 폭스바겐 비틀(일명 땅콩차, 무당벌레차)인 조그만 차를 몰고 왔다. 100kg 이상의 거구인 그녀가 제 몸뚱이 반도 안 되는 폭스를 몰고 온 것이 신통했다. 차는 거구의 주인을 아무 탈 없이 모시고 온 듯 자랑스러워 보였다. 장난감 같은 차문을 열어주며 타라고 했을 때만 해도 불안했다. 그러나 제 기능을 충실히 하는 차를 조그맣다고 무시할 수 없었다. 큰 거구가 하필이면 작은 차인가 했더니 사람들이 큰 차를 외치며 큰 차만큼이나 허영이 심해 자기라도 작은 차를 타며 허영심을 줄여 보려는 노력이라고 했다. 그 후 폭스를 본 기억이 없다.

영국에 갔었다. 그곳의 차들은 운전석이 오른쪽에 있다.

옛날 마차시절 마부가 오른쪽에 앉아 있어야 말에게 채찍을 휘둘러도 왼쪽에 타고 있는 사람에게 피해를 주지 않았기 때문에 운전석을 오른쪽에 두는 전통이 되었다고 한다.

거대하고 복잡한 런던 거리에 앙증맞고 애교스러운 모습으로 마치 예쁜 요정이 춤추듯이 거리를 누비고 다니는 폭스를 보았다. 운전석이 오른쪽에 있는 것이 새롭고 특별하게 여겨져 폭스를 갖고 싶은 욕망이 불꽃처럼 마음을 흔들어 댔다. 폭스만 소유한다면 세상 부러울 것 없이 행복할 것 같았다. 작고 사랑스러운 예쁜 차에 공주 버전으로 폼 내고 싶은 허영에 부푼 속절없는 속살을 감출 길 없는 감정은 극심한 정서불안이다.

돌아와 온 밤을 지새우며 폭스에 대한 정보를 찾았다. 당시(2000년도) 정보는 1985년도부터 생산되지 않고 생산이 끊긴 후 멕시코에서 몇 대씩 조립되어 나온다고 했다. 우리나라 중형차급 가격인데 왜 수입이 되지 않는지 궁금했다. 전국 통 털어 3대뿐인 폭스는 에어컨이 없고 스틱이기 때문에 카 매니아 외에는 선호하지 않는다고 했다. 모닝이나 마티즈 같은 소형차가 나오기 훨씬 이전 일이라 대형차가 주종을 이루는 한국에서 존재할 수 없는 이유라고 했다.

최근 폭스가 간간이 눈에 뜨인다. 대부분 나이 어린 여성운전자들이다. 나이든 할머니가 운전해도 멋있을 것 같은 상상을 한다. 슬그머니 폭스를 소유하고 싶은 욕망이 되살아나면서 지난 날 폭스에 대한 열정 때문에 정신 줄 놓을 뻔 했던 기억이 떠올라 혼자 웃는다.

며칠 전 중년의 멋쟁이 지인이 폭스를 타고 왔다. 폭스를 보는 순간 반가웠다. 외모는 여전히 예쁘고 앙증맞지만 의자를 앞으로 당기고 허리를 많이 구부리고 들어가야 하는 불편함이 새삼스레 큰 부담을 주었다. 젊은 날 눈부시게 아름다웠던 여인의 나이든 모습을 보는 듯 했다.

할 일을 끝낸 듯 시들어 떨어지는 지저분한 꽃잎처럼 추한 것이 허망한 실망감을 느끼게 하듯 폭스의 매력을 앗아간 세월의 덧없음을 되뇌인다.

바쁜생활에서 시간을 절약할 수 있는 기계인 자동차를 선택할 수 있다면, 세련된 외관을 갖추었으면서 도로에서는 엄청난 주행성을 발휘하여 정글속 맹수의 날카로움을 가졌다는 의미의 자동차 재규어보다는, 화려하고 유혹적인 선과 남다른 즐거움을 주는 디자인으로 움직이는 예술이라 불리는 자동차인 페라리를 타고 싶다. 엑셀러레이터를 쭉 밟았을 때 앞으로 치고 나가는 느낌의 경쾌한 차를 타고 멋진 풍경속을 시원하게 달리는 제대로 된 드라이브를 할 수 있다면, 운전하는 재미도 느끼게 되는 이태리의 세르지오 피닌파리나가 디자인한 페라리를 탄다면 좋을 듯하다.

돈이면 죽을 목숨도 건지고, 돈이면 귀신과도 통한다는 아귀다툼 같은 세상, 실타래 같이 꼬인 인생살이에 지친 영혼을 자유롭게 하는 곳을 향하여 달린다. 그 곳은 멀고도 먼 길이기에, 먼 길을 가기 위해 쓰일 몸맵씨 날렵한 430억 짜리 오픈카 페라리를 갖고 싶다.

사람은 하늘로부터 정해진 분수를 받고 태어난다고 한다. 하늘과 땅 사이에 있는 사람의 존재가 넓은 바다 속의 모래알 같이 미미한 것을 알고 있는지, 나무에서 물고기를 구하려는 도저히 불가능한 일을 굳이 하려고 하는 것은 아닌지, 분수를 모르고 없는 뱀의 발, 사족을 달면서 부질없는 생각을 한 것 같아 부끄럽다. 달리는 자동차의 네 바퀴가 제 구실을 충실히 해서 안전을 지키듯 나 또한 몸과 마음이 원하는 내 자리를 바르게 제대로 지키고 있는지 돌아본다.

삼계탕

교장으로 퇴직한 P선생님은 키가 크시고 성품이 온화하십니다. 퇴직 후 자연과 가까이 하시려고 J시로 이사를 가셔서 자주 뵙기가 어렵습니다. 우리집 가장과는 서로 존경하며 수십 년을 함께 하여 정이 두텁습니다. 바깥 양반들이 만나 무슨 이야기를 하는지 잘 모르나 만나는 장소는 늘 같은 곳입니다. 광화문에 있는 M삼계탕 집입니다. 겨울이나 여름이나 어느 때나 그 곳입니다. '삼계탕' 닭 삶은 게 맛이 있어서일까. 아니면 닭을 별로 즐기지 않는 우리 가장이 친구를 만나기 위해 가는 것일까, 아니면 그 삼계탕 집은 무언가 특별한 게 있는가 생각합니다. 또 한 분 교육장으로 퇴직하신 H선생님과 세 분이 함께하시니 세 분의 만남을 삼계탕으로 하셨는지 물론 의미는 다르지만 그 곳을 세 분이 꼭 같이 가시는 게 궁금한 적이 있었습니다. 두 시간이나 걸리는 먼 곳에서 꼭 그 집을 가시는 이유가 있을 것 같기도 하여 여쭈었습니다.

"다음번에 이 선생과 꼭 같이 나와요. 그러지 않아도 한 번 대접하고 싶었어요."

온 세상이 삶을 듯이 뜨겁고 더운 여름입니다. 시장에 갔더니 모두 덥다고 힘이 빠져 생기 잃은 사람들을 보니 닭을 떠올리게 되었습니다. 이럴 때 삼계탕을 먹으면 기운이 나는 게 아닌지. 그러지 않아도 며칠 있으면 복날이라고 닭값이 비싸지고 닭의 수요가 많아 귀하다고 합니다. 예전에는 복 때면 개들이 수난인 것으로 알고 있었는데 개 대신 닭인가 라는 의문이 들었습니다. 시대 따라 먹거리도 달라졌음을 알게 된 것이 신통하게 생각되었습니다.

오늘도 P선생님께서 전화를 하셨습니다. "내일이 복날이니 내일은 이 선생과 꼭 함께 와요." 삼계탕을 좋아하시는 이유가 있는 것을 확인할 수 있는 기회로 따라나섰습니다. 대충 짐작이 되는 지점 근처에 이르니 장사진입니다. 찌는 더운 여름날 점심을 먹기 위해 늘어선 긴 줄을, 땀 흘리며 기다리는 사람들을 보고 아연실색하지 않을 수 없었습니다. 혼자 같으면 되돌아 오고 싶지만 남자 어른 세 분 속에 여인네가 되돌아가겠다고 방정 떨 수 없어 참으려니 속으로 더 뜨겁고 겉으로 흐르는 땀을 주체하기 어려웠습니다. 사십여 분을 지나 차례가 되어 식당 안으로 들어가니 끓는 뚝배기의 열, 많은 사람들의 열, 높은 기온의 열에 에어컨은 돌기는 해도 제 기능 밖입니다. 모든 열이 합쳐진 열기는 실내를 한증막으로 착각할 정도입니다.

"이것이 맛이 있는지?" 이해가 안 되는 나의 표정을 읽는 세 분 선생님들의 눈빛이 짓궂습니다.

"어때, 맛이 있지?"

기어드는 소리로 겨우 "네" 하였습니다.

"그런데 선생님 세 분, 땀나고 뜨거운 이 삼계탕이 그렇게도 좋으세요?"

"암, 좋지, 좋아. 오늘은 함께 해주셔서 더욱 맛이 좋아요. 함께 해주셔 고마워요."

먼 곳에서부터 친구를 보러오는 기대감과 이 식당 앞에서 차례를 기다리는 기다림의 맛을 즐기는 것임을 깨달았을 때 나는 훌륭한 교육을 받은 느낌이다. 한산하게 손님을 기다리는 집은 틀림없이 맛도 없을 것이며 기다림 없이 친구를 만나고 기다림 없이 음식을 먹는 일은 마음이 허락치를 않으신다고 했다.

기다림!

새삼 견디고 참고 많이 기다림을 명심해 보리다.

삶의 지표로 정해볼 만한 교훈이 아닐까.

향기 잃은 국화

푸른 날의 초록을 버리고 붉고 노란 몸을 얻어 열린 열매들은 봄의 황사를 헤치고 한여름 땡볕과 지루한 장마를 견디어 냈다. 가을에게 온전히 바치기 위한 힘이었고 홀로 이루어 낸 사랑이다. 마음이 까닭없이 서글퍼지면서 눈물이 어리어지는 것은 가을에만 느낄 수 있는 순수한 감정이며 이것은 가을의 얼굴이다.

학창시절 매일 아침 시 한 편씩을 읽어주던 고운 친구가 있었다. 그의 시 낭송은 하루를 소중히 보내는 다짐을 하게 하는 힘이었다. 그 친구는 어디에 있을까. 어디론가 가고 싶은 가을이 가져오는 우울증에 시달리는 마음이 봉사길에 나서게 했다. 가을을 가장 실감나게 하는 탐스럽고 풍성한 노란 국화 화분이 병원 현관부터 계단마다 놓여져 있었다. 국화 화분을 따라 6층까지 왔을 때 꽃에 대한 감흥이 없고 허전했다. 꽃의 생명인 향이 없는 것이다. 결혼해서 아이를 키우고 성실한 가장 모시고 살아온 시간 속에서 내 코의 감각이 무디어져 냄새를 맡을 수 없는 코맹맹이가 된 것인지. 바쁜 생활 속에서 여유를 잃은 무딘 감정 때문에 꽃 냄새를 못 맡는 것인지 걱정이 되었다. 무심히 내려다본 화분에 명찰이 붙어 있었다. ○○농원. 사람의 손 끝에서 굽히고 비틀리고 꺾이어 웃음 짓는 그 속에서 무슨 국화의 생명인 향기가 있을까. 꽃봉오리마다 국화향이 피어오를 수 있게 향수라도 뿌려주고 싶은 아쉬운 마음 속에 떠오르는 얼굴이 있었다. 가을이면 유난히도 가슴시리던 친구. 소식 끊긴 지 수십 년이 되어 까맣게 잊고 있던 시를 낭송하던 그 친구가 향기 없는 국화꽃 위로 환하게 웃으며 떠오른다.

병실 안에 들어서니 모두 나이가 많고 몸을 쓰지 못해 일어나지도 앉지도 못하며, 스스로 할 수 있는 일은 아무것도 없고 정신줄마저 놓은 듯하다. 손발이 닳도록 인내하여 가족과 자식을 그리고 가정을 굳게 지키고 살아온 착한 어머니들의 고단했던 결과가 죽음보다 더 무서운 기억 잃은 백발의 노파로 쭈글쭈글한 고산 식물처럼 마르고 늙은 어머니로 변한 모습은 가슴 속을 마구 헤집는다.

"교감선생님, 교감선생님"

회진 오신 의사선생님께서 말을 걸어도 마주하는 얼굴만 뚫어지게 바라볼 뿐 표정 없는 검은 눈동자는 말이 없는데, 젊었을 적 매우 고왔을 얼굴이다. 다른 사람들보다 일찍이 병이 오고 빠른 시간내에 상태가 급격히 나빠지는 경우여서 모두를 안타깝게 한다고 했다. 평생 결혼도 안 하고 몇해 전 모시던 어머님도 무사히 먼길 보내드린 후 이곳에 오게 되었는데, 오기 전에는 농장을 가꾸었다고 했다. 좋아하는 사람이 있게 되면 '시몬'이라고 부를 것이라며 가을이면 구루몽의 시 '낙엽'을 귀가 닳도록 들려주며 시를 낭송하던 고운 친구의 이름이 침대 명찰에 붙어 있었다.

향기 없는 국화와 기억 잃은 오래 전 친구를 만나고 온 얼마 후 느닷없는 낯선 전화에 놀랐다. 친구가 결혼하려던 때 애인이 해외 발령을 받았는데, 친구는 병약한 어머니를 혼자 두고 못 떠나 그와 헤어진 후 수십 년만에 돌아온 친구의 '시몬'이었다.

꽃다발을 들고 서 있는 노신사의 뒷모습을 보며 '시몬'을 알아보기를 간절히 기도했다.

그때,

"이봐요. 배추씨 무씨가 싹이 텄는데 옮겨 심어야 해요."

"예. 옮기겠습니다."

"혼자서는 안 돼요. 나와 함께 해요. 어서 나를 일으켜요."

떠났던 혼이 순간 돌아왔으나 기억을 지워 더 이상 마주할 수 없는 소통 불가의 시간이다.

"시몬, 너는 좋으냐……"

국화 같이 곱고 생기발랄한 친구의 목소리만 귓가에 맴돈다.

멀리 멀어져 가고 있다. 가을이 혼자서.

번뇌탁(煩惱濁)

“개 ~ 파쇼 ~.”

자전거에 개 우리를 달고 소리치며 지나가는 개 장사의 목소리가 들리면 동네 개들은 사력을 다해 합창하듯이 짖어댄다. 개들은 주인들의 자비를 믿고 있으니 절대 안 팔릴 자신이 있는 걸까, 비오면 밥에 빗물 들어갈까 우산 받쳐들고 눈오면 밥이 차가울까 덮히고 또 덮혀 따뜻이 먹게 해주는 주인의 자비를 알고 있는 듯하다.

“개 ~ 파쇼~” 개장사의 크고 거칠고 투박한 목소리보다 한 층 더 높여 짖던 동네 개들이 한둘 없어지고 이제 마당에서 개 키우는 집은 우리집 뿐이다. 무시무시한 염라대왕 같았을 “개 ~ 파쇼 ~.” 소리와 개들이 생사를 걸고 짖어대던, 그래서 동네가 한바탕 소란을 일으키는 일도 없어졌다.

혹 집을 비운 사이 험한 사람 오면 마구 짖어 쫓아내줄 것 같고 위험한 일 있으면 짖어 긴장하여 주위를 살펴보게 하는 역할을 해주니 누구의 윤회인지 우리에게 개는 고마운 존재다. 개를 거두기 위해 사는 사람 같은 가장의 손길은 따스함과 정성이 끝없다.

밥 때를 놓치지 않고 손수 먹거리를 준비한다. 거친 생선뼈는 골라내고 된장, 간장, 참기름 넣고 조리하여 준다. 어쩌다 먼 곳을 갔다가 늦으면 재촉이 이만 저만 아니다. 참다 못해 "한 끼 굶는다고 죽지 않아요." 짜증을 낸다.

짐승은 짐승다운 대접을 해야지 필요 이상일 수는 없는 거라고 말하면,

"개한테 잘해요, 죽어서 개로 안 태어나려면."

누구의 해탈이 나의 집에 와서 오랜 세월을 함께 하는지. 불쌍한 마음이 크다. 밥을 안 주면 굶을 것이고 목줄에 메어 고통받는 이 개가 한 번씩 인간 삶을 고뇌하게 한다. 이 개는 누구의 윤회인가. 아버지인가, 어머님인가, 일찍이 29세에 세상떠난 내 형제인가. 개가 없으면 좋을 것 같으나 마당에서 부스럭거리는 소리가 있으므로 덜 외롭고 덜 허허롭다.

무더위 속 한밤중 잠 못 이루는 때 개조차 짖어대면 그날 밤 잠은 설치기 마련이다. 이웃을 생각하면 민망하기 이를데 없다. "더위에 지치고 시달려 잠 못 이루는 이웃이 있을 텐데. 짖기를 멈추어다오." 그러거나 말거나 무엇 때문인지 사정없이 짖어대는 다음 날은 대문 밖 나서기가 조심스럽다. 어느 날도 한밤중에 마구 짖어댄다. 새벽 한 시경 대문 벨이 울린다. 머리카락이 쭈볏 선다. 공포에 질린 소리로 "누구세요?"

“거, 개 새끼 좀 못 짖게 조용할 수 없어요? 잠을 잘 수가 없잖아요.” 날밤 새우고 아침에 나가보니 개는 멀쩡한 얼굴로 태연히 바라본다.

꽃과 나무와 개를 자신의 삶의 일부로 알고 있는 성품인 가장을 향하여 개를 안 키우면 안 될까요, 차마 말 꺼내기 어렵다. 그런 결정을 하게 되면 개는 어디로 가야하나 그것 또한 보통일이 아니다. 이튿날 뚱뚱하지만 눈초리가 날카로운 모습의 건너집 아저씨가 찾아와 개가 짖지 않을 방법을 생각하라고 혼쭐을 내고 돌아간다. 골목길에서 어쩌다 마주치게 되면 죄지은 사람처럼 고개 숙인다.

개는 밤중에 왜 그리도 극성맞게 짖는가. 개들이 거의 사라진 근래에 동네에는 고양이들이 많이 보인다. 낮에도 세워 놓은 자동차 밑에서 낮잠을 자는지 숨어있는 모습을 종종 보게 된다. 어제 밤도 개는 천지 개벽하듯 끈질기게 짖어댄다. 뒷집 어른 요즘 몸이 많이 불편하시다는데 잠못 이룰 것이고 건너 집 뚱뚱이 아저씨 또 벨 누를 것 같아 불안하다.

“개야 제발 좀 짖지 말아다오” 왜 밤이면 극성맞게 짖어대는지 고민하는데, 조금 있으려니 고양이 소리가 났다. 밤이면 고양이가 담을 넘나드니 고양이 때문인 것을 알게 되고 고양이는 왜 담 넘어 오는것인가? 가장은 원래 개 밥을 줄때 개만 주는 게 아니라 온 마당에 흩뿌린다. 나무위에 새들도 내려와 먹고 몇 그루 안 되는 나무도 뿌리로 흡수하면 먹게 되는 것이다. 마당의 먹거리들은 새와 고양이의 먹이가 되고, 또 나뭇잎이 풍성함도 가장의 손끝의 너그러움 덕이다.

새벽 2시나 되었을 시간이다. 오늘 밤도 개는 마구 짖는다. 인터폰 소리에 놀라 벨을 들었다. "경찰입니다. 개가 짖어 시끄럽다고 신고가 들어와서 왔습니다."

하늘이 잔뜩 무겁게 내려앉고 빗물을 촉촉이 뿌리는 아침이다. 가장이 개의 먹거리를 모른 척한다. 이상하다는 생각이 들지만 설거지를 끝내도 밥을 안 준다. 비가 억수같이 쏟아져도 지체 않는데, 참다못해 "오늘은 제가 밥을 줄까요." "그래" 하고는 옥상 채마밭으로 간다. "참, 이상하네." 밥을 들고 개집 앞으로 갔더니 살구나무 밑 풀 위에 누워있다.

"복중이라고 너도 지쳤니?" 시멘트 마당위보다 나무밑 흙이 시원한가 보구나. "일어나 밥 먹어." 했으나 기척이 없다. 목에 맨 줄을 당기며 "밥 먹어, 밥 먹으라니까." 세게 흔들고 잡아당겨도 움쩍도 않으니 어인 일인가. 그제서야 가장께서 왜 그랬는지를 알게 되었다. 뛰어가 "알고 계셨어요?"

새벽에 신문 가지러 현관문을 열면 꼬리 흔들며 눈 마주치던 개가 꿈쩍 안 했던 것이다. 개가 죽었다는 말을 차마 못해 애를 썼던 것이다. 털갈이도 끝내고 몸집이 단단한 잘 생긴 개가 목줄을 풀고 밥 먹을 일이 없어진 것이다. 뿐만 아니라 나무 밑에는 까치도 떨어졌고 참새도 움직이지 않았다.

이들이 떠나간 날 하루 종일 비는 오락가락했다. 이 일은 절대 자연적인 일이 아니고 누군가 몹쓸 짓을 했다는 생각이 들어 나를 많이 힘들게 했다. “아저씨, 묻을 때 흙 한 삽이라도 더 떠 부어 아늑한 자리 되게 해 주십시오. 부디.”

개먹거리만 아니고 새, 고양이의 먹거리까지 주게 된 가장의 너그러움이 도리어 화를 불러 개를 그리되게 한 것 아닌가 하는 어리석음에 빠져 고통스럽다.

※ 번뇌탁: 어리석음과 욕심, 번뇌가 원망 등 나쁜 마음의 작용이 극성스럽게 일어나 몸과 마음을 흐리고 어지럽게 하는 것이 심한 때.

틀니

어느 날 남편이 틀니를 한다고 바쁘게 치과병원을 다녔다. 이를 뽑고 온 날은 고통스러운 얼굴로 눕기도 했다. 마음이 심란했다. 지금도 내 마음속의 남편은 푸릇한 스물아홉 청년인데 어느덧 세월이 갔다고 틀니를 하다니! 말할 수 없는 연민이 가슴속을 눌렀다. 한세상 거친 숨 고르며 평화로이 잠든 남편의 얼굴을 몰래 보면서 그를 이해하게 되었다. 틀니 하느라 고생하는 그의 나이 이제 팔십이라는 것을… .

틀니 하는 과정이 몹시 어렵고 힘든 일이구나 동정하면서 도움이 될 아무런 방법이 없음에 스스로 미안하기도 하다. 입 천정 모형은 참으로 보기 거북하고 징그럽기까지 한 것이 마음에 들지 않았다. 드디어 틀니를 마치고 돌아온 남편은 며칠을 끙끙 앓았다. 새로 만든 틀니를 자기 몸의 한 부분으로 적응시키느라 한동안 애를 썼다. 본래 자신의 아랫니와 새로 한 위 틀니를 맞추느라 딱딱 유령의 발걸음 같은 소리를 냈다. 그 딱딱 소리는 연인과의 데이트에서라면 핑크 무드에 찬물을 끼얹고 달콤하고 황홀한 분위기를 냉각시킬 것이라는 생각이 들었다. 다행히 얼마 안 있어 적응이 됐는지 조용해졌다.

나는 '틀니 같은 건 안 하고 살게 해 주소서' 기도했다. 그런데 며칠 전부터 어금니가 근질근질하더니 푹푹 쑤셨다. 이따금 잇몸이 불편하면 소금 양치를 하며 참았다. 이번에는 참아서 될 일이 아닌 것 같았다. 남편이 틀니하면서 내게 병원에 가보라고 했을 때만 해도 아프지 않은데 일부러 병원에 갈 필요가 있겠는가 했다. 콧방귀 뀐 일이 은근히 후회가 되었다. 병원에서 남편처럼 틀니 하라면 어쩌나 걱정되었다. 틀니를 안 하는 방법으로 살게 하여 달라고 의사 선생님께 매달려 볼 심산이었다.

손가락 반 토막 같은 필름에 금방 사진이 찍혀 나왔다.

의사 선생님은 "이 치아는 대학병원에 있는 치과를 가셔야 합니다. 틀니를 하실지도 모르겠네요." 하는 것이 아닌가.

"네에, 틀니요?"

나도 모르게 병원이 떠나갈 듯이 큰 소리로 말했다. 다른 사람들 생각에 우스웠을 것 같은 목소리와 몸짓을 하면서 말이다. 생각과 같이 틀니를 안 할 수 있는 방법은 아예 물어보지도 못한 채 기가 죽어 병원을 나왔다.

다음 날 푹푹 쑤시는 이를 악물고 치과 대학병원에 갔다. 의자에 앉으니 커다란 X-레이 필름 사진이 눈앞에 딱 버티고 있었다. 해골 모양의 치아들만 있는 깜짝 놀랄 만한 무서운 사진이었다. 속으로 '누구의 구강 모습인지 참 흉하기도 하다' 생각했다. 아랫니는 위로 솟구치고 윗니는 아래로 처진, 그러면서 잇몸 밖으로 예쁘게 드러나지는 않지만 간신히 체면만 유지한 듯 박혀 있는 잇몸 속에 숨겨진 이 뿌리들의 모습이었다. 마치 우리네 삶의 질곡을 대변하고 있는 듯했다. 외양은 그럴듯한데 속은 뒤죽박죽 생각과 행위의 어긋남이 있어 교만과 허세로 가득한 삶을 보는 듯 마음이 착잡했다. 순간 우리네 인생살이가 입안에 있음을 발견했다.

다시 한번 사진을 쳐다보다 맨 위쪽에 있는 내 이름을 발견했다. 이것이 바로 '나'였다. 세상에서 가장 뻣뻣하고 강한 칫솔만 골라서 빡빡 닦아내면서 깨끗하고 튼튼한 치아라고 자부하며 살아온 나의 치아들의 모습을 보고 놀라지 않을 수 없었다. 그리고 두려움과 창피함. 치료가 아니더라도 치과를 찾아 관리를 하지 못한 게으름과 미처 손대지 못한 채 참아 왔던 인생이 입 안 곳곳에 펼쳐져 할 말 없는 부끄러움으로 가득하다.

나이 들어 틀니 하는 남편을 지켜보면서, 겸손하지 못한 내 자신에 대해 생각해본다. 교만과 오만의 번뇌에 싸인 자신을 낮출 줄 아는 하심(下心)의 마음을 갖도록 많은 노력을 해보리라 다시 한번 생각해 본다.

막역외구(있는그대로가 진실인 것을)

오랜만에 아주 오래간만에 사십 년도 훨씬 지난 오늘 여고 동창모임에 다녀왔습니다. 시간이 겨냥한 화살은 무참히 청춘을 뭉갰고 세월의 흐름자국 주름만 가득한 얼굴은 옛 흔적을 찾기 어렵게 했습니다. 그리하여 서먹했고 서로를 어색하게 하였습니다. 그래도 그 중 유독 뒷모습이 예전 같은 친구가 있었습니다. 허리 28인치 체중 38kg 이라고 했습니다. 환갑이 훨씬 지난 나이에 말입니다. 얼굴에 손을 댄 흔적이 있지만 28인치의 허리와 거리가 먼 모습입니다. 인위적으로 돌이킨 시간은 그때를 온전히 재생 시키지는 못하는 것이라는 생각입니다. 안타까웠습니다.

고도로 발달한 문명의 기술로도 지난 시간은 재생이 되지 않는다는 것을 집에 돌아와 생각했습니다. 허리 28인치, 거기에 맞는 얼굴을 만들려는 노력이 얼마나 힘들었을까를, 외양에 바칠 노력을 내적 향상에 바치는것이 더 쉬울 일은 아닌지…….

새벽 찬 바람을 가르며 전라남도에 갔습니다. 안개에 싸인 길가 논두렁 밑에서 벼익는 냄새가 달콤하게 퍼져왔습니다. 미미하게 퍼지는 벼익는 냄새가 신선하고 상큼해서 좋은 공기란 이런 냄새도 맡을 수 있게 한다는 것을 새삼 알게 했습니다. 전망이 좋은 바닷가에 쉴 자리를 마련하고 숲이 좋아 몇 발자국 걷노라니 이방인은 불허한다는 의미인지 바람이 머리카락을 이리저리 뒤집고 숲의 나뭇잎들은 몸을 떨며 아우성치고 뿌리채 뽑혀질듯 흔들리는 나무의 몸부림이 힘겹습니다. 먼 곳에서 온 손님 박대하는 바람이 야속하기조차 했습니다. 쉴자리로 돌아와도 창문을 흔들며 앙앙대는 바람소리는 이 밤을 머물지 말고 떠나라는 재촉같이 여겨져 편치 않았습니다. 겨우 마음을 진정시키고 한잠 들었을까, 언듯 깨어 귀기울여보니 그때까지도 바람은 쉬지않고 창문을 흔들었습니다. 참으로 을씨년스러운 밤입니다.

먼 곳 남도의 인심이 이러한가? 오지 못할 곳을 왔나, 섭섭한 마음이 듭니다. 그때 거실 쪽에서 울음소리가 들렸습니다. 그 울음소리는 점점 커지고 있었습니다. 폐부를 뚫고 나오는 울음소리는 처연하기만 합니다. 가만히 문을 열고 나와보니 동행한 J 선생님이십니다. 약주를 드셨다고 그럴 리 없는 선생님의 인품을 아는지라 드릴 말씀없어 멍하니 서있는 저에게 "제 말씀 좀 들어 보시시오." 남도 사투리가 워낙 짙은 선생님의 말씀은 순간순간 뜻 해석하는데 순발력이 필요해서 긴장하지 않으면 안 됩니다.

5.18 광주 항쟁이 일어나던 날 밤 숙직실에서 잠결에 선듯한 느낌이 들어 눈을 뜨니 무장한 군인 둘이 목에 날이 퍼런 칼

을 들이대고 무엇하느냐고 묻기에 "숙직 중"이라고 대답하는 순간의 공포감은 경험하지 않은 이는 상상이 어렵다고 했습니다. 순간 공포감을 일시에 씻어주고 가는 얼굴이 있어 정신을 차렸고, 그 처절했던 공포심과 무서움이 떠오를 때마다 안정을 찾아준 얼굴은 눈가에 잔 주름진 아내의 얼굴이었다 합니다. 오늘아침 이곳을 오기 위해 대문을 나서는데 "잘 다녀오시시오." 인사하는 아내의 눈과 마주치는 순간 너무도 생소한 아내의 얼굴은 멀리, 아주 멀리 떠나가는 낯선 사람이었다 합니다. 요즘 바쁜 일과 때문에 아침 일찍 밤늦게 집을 들락거리는 동안 아내가 수면안대를 하고 있어도 무심히 여겼던 바, 세월의 향기와 흔적이 배어있는 그리고 지난 날의 나의 자신을 되돌아 볼 수 있는 증거 같은 눈가의 주름을 모두 없애버린 것입니다. "내 각시가 아니야, 나의 각시가 없어졌어, 엉엉, 엉엉. "

어느 분이 파리로 한 달 가량 출장을 간 사이에 그의 부인이 성형수술을 하여 코는 더 높게 눈은 더 크게 머리는 짧게 하여 놀랍도록 예뻐졌습니다.

남편의 귀국을 맞아 공항에 나가 남편을 깜짝 놀라게 하려고 하였습니다.

"당신 누구요?"

"당신의 아내예요, 당신을 위해 예뻐지고 싶었어요."

"나의 아내는 당신 같은 미인은 아니지만 향기가 그윽했지,

나는 당신의 우수어린 얼굴과 긴 머리채에서 풍겨오는 그윽한 향기를 좋아하고 사랑했지,

그런데 내가 더 함께 할 이유가 없게 되었구려."

그 말을 남긴 채 뒤도 돌아보지 않고 떠나가는 남편의 뒷모습이 쓸쓸하기만 했다고 합니다. 이것은 영화의 마지막 장면입니다.

세월이 그어 놓은 주름, 사람들은 누구도 그 주름을 좋아하지 않습니다. 주름만 없으면 청춘과 삶을 돌이킬 수 있다고 생각하는 것은 아닌지. 하느님께서 나이를 먹어도 주름살이 안 생기게 할 수는 없으셨을까.

주름살이 안 생기게 하지 못한 이유를 생각해 봅니다.

※ 막멱외구(幕覓外求): 외양에서 얻으려 말고 모든 것이 마음안에 있는 것을 있는 그대로 받아들일 때 아름다움이다. '있는그대로가 진실이다.'라는 뜻

단풍이 곱던 날

몹시 추운 어느 겨울 봉선 아버지는 홀연히 고향을 떠났다. 봉선 어머니는 이미 예상한 듯 말이 없었고 다만 머리에 쓰고 있던 흰 명주 수건을 벗어 봉선 아버지의 목에 두르며 몸 살피는 일에 명심하라는 당부만 했다. 바람은 차서 살을 에는 듯했고 구름에 잠긴 달빛은 희미해도 무심한 달을 안고 총총 사라지는 아버지의 뒷모습은 보았다고 했다. 고개 마루에 이르자 세찬 바람에 흰 명주 수건의 끝자락은 깃발처럼 펄럭였고, 독립 운동을 하러 갔는지 종교 박해를 피해 갔는지조차 짐작되지 않으나 "아리랑"을 아주 잘 부르던 아버지를 다시 본 기억이 없었다고 했다.

가을 단풍이 곱던 날 고향 집 너른 마당에서 연지 찍고 눈썹 그린 봉선은 혼례를 올리고 고향을 떠나 서울살이를 하였고 한번 떠나온 고향은 갈 수 없어 소식을 알 길이 없었다. 신촌 기차역을 통하여 서울 온 열아홉 새댁 봉선은 고향 소식 들으면 서툰 세상살이 외로움에 위안이 되고 어려운 일 헤쳐 나갈 힘이 생길 것 같아 맨 걸음으로 기차역 주변을 수 없이 두리번거렸으나 허사였다. 신촌 기차역에서 차를 타면 고향에 갈 수 있었을 텐데 왜 그렇게 하지 않았는지 모르겠다고 한탄했다.

세상이 어수선하고 어지럽다고 술렁일 때도 떠나온 고향 사람 만날까 기차역 앞에서 맴돌고 맴돌아도 소용없었고 기차는 예전처럼 오가지도 않았다. 기차역을 갔다 오는 날은 시어머니의 꾸중을 들었고 그런 날은 웅얼웅얼 숨죽이고 울면서 아리랑을 불렀다. 이렇게 안타까운 시절을 동동거리고 있을 때 6.25 전쟁이 나서 그 후로는 아예 고향과 일가친척 다 잊었으며 부모님 모습도 아련했다. 전쟁은 시어머님도 세상을 뜨게 했고, 군대 간 남편은 소식 없어 만날 날만 기다리는 막막한 세월이었다. 피난지에서 무명옷 걸치고 어린 두 딸과 살아야 하는 고된 생활에는 오로지 하느님만이 힘이었다. 찬송가 가락은 모두 아리랑이었다. 아리랑 곡에 찬송가 가사만 얹어 열심히 열심히 부르는 것이다.

고향과 아버지와 남편에 대한 그리움의 아리랑을 누가 막겠는가. 그건 찬송가 가락이 아니라고, 아무도 말할 수 없는 일이다. 삼년 여의 난리통 속에 살아 있어 감사하는 마음이 기적이 되어 목사님의 헌신적인 노력으로 생사를 모르던 남편을 만난 기쁨은 세상에 어느 것에 비할 수 없는 행복이었다고 했다.

단풍이 곱게 물든 가을 하늘은 유난히 맑고 파랬다. 긴 여름 초록 속에 숨어있던 나뭇잎들은 부서지는 햇살을 받아 각기 색상을 돋보이려는 듯 찬란히 빛났다. 거기에 맞추듯 내 얼굴에 화장도 한층 화사하다.

어둠이 물드는 거리를 뒤로 집으로 돌아오니 친정 손아래 올케에게서 다급한 전화가 여러 번 왔었다고 가장께서 숨 가쁘게 설명한다. 핸드폰을 안 가지고 나갔던 것이다.

발등에 떨어진 불 끄느라 급급하여 아래만 아래만 내려다보느라, 조금만 고개를 옆으로 돌려도 눈동자 맞추며 웃음 나눌 수 있는 그 얼굴을 깜박 잊고 있었다. 이제야 한숨 돌리고 두 손으로 얼굴 감싸 안고 마주보며 함께 웃어야 할 그 얼굴이 느닷없이 이 세상에서 마지막 고된 그림자를 거두고 떠났다.

1920년생, 나이 90세 나의 어머니 '서봉선'이 세상을 버린 것이다. 내가 이 세상 떠날 때까지 함께 하리라는, 그래서 영원할 줄 알았던 전혀 생각지도 않았던 일이라면 어리석은 욕심이었을까. 까치 뒤집혀 날아가는 것 같은 어이없다는 생각에 몸부림이 날 지경인데 평소 사이가 원만하지 못한 사촌이 '상주가 화장 곱게' 하고 있다고 까칠하게 찌른다. 급히 달려오느라 한숨 돌리기 전이니 낮에 화사했던 화장을 지울 틈이 없었다.

영안실의 밤은 속절없이 깊어가고 꿈꾸듯 감각이 흐릿한데 부의금 함이 안 보여 가족 중 누군가 부의금 사절이라도 했는가 싶어 와중에 참 잘한 일이라고 감동했더니, 상주들 졸거나 정신 없어 관리가 소홀하면 문제될까 염려되어 보호하려고 제 머리맡에 옮겨 두었다는 친척 때문에 심기가 매우 거북하다.

염 하시는 분들의 손길이 바쁘다. 어머니 서봉선의 시신을 닦고 베옷 입히는 모습이 생생하다. "물마를 사이 없이 움직이던 손에 베 장갑 끼워지니 이제 일에서 손 놓으시게 되었습니다. 어머니, 웬만하면 일어나시지요. 일어나세요. 옛말에 개똥 밭에 굴러도 저승보다 이승이 낫다고 하더이다. 숨 안 쉬고 이틀 지나보니 이곳이 더 낫지 않더이까. 그 곳에는 애지중지할 애물 단지들이 없지 않습니까. 우리 모두가 여기에 이렇게 있으니 말입니다. 어서 일어나세요. 어머니."

염사들의 땀 흘리는 작업이 끝나도 어머니는 일어날 줄 몰랐다. 끝내 일어나기를 거부하신 어머니의 이마에 손을 얹으니 얼음 같이 차가웠다. "우리 모두 가슴 저미는 슬픔 때문에 꼼짝 못하니 벌떡 일어나시어 그것들로부터 풀려나게 해주지 않으시려오." 부탁했으나 묵묵히 굳고 굳은 표정으로 베옷 입은 채 냉정하게 누워 계셨다. "어머니, 좋은 곳으로 편히 가세요. 안녕히 가십시오."

어머니가 숨을 거두고 떠난다는 데 때 되면 먹고 속에 것 비울 때는 바쁘고 할 짓들은 일상과 같이 다 한다. 모래알을 한 술 떠넘기는 게 쉬울 일이지 밥 한술 넘기기 어려운 이 혹독한 일, 누구나 다 겪는 일이라는데 왜 이리 새삼스러운가. 어머니의 죽음을 허락한 하느님 때문에 생각이 많이 아주 많이 아프다.

질이 좋다는 베옷, 나뭇결이 곱고 향내가 난다는 오동나무관, 수의 입혀 관에 담아 뚜껑 덮고 흰 공단에 붉은 십자가 수놓은 관보 씌워 관대로 묶어 승화원으로 간다.

"오실 때는 어디서 오시었으며, 가실 때는 어디로 가시나이까. 오시는 것 한 조각 뜬 구름 일어남이요, 가시는 것 한 조각 뜬 구름 스러짐일세." (나옹선사 회심가 중 일부)

"인생 한 번 돌아가면 다시 오기 어려워라,
이 세상 하직하고 북망산 가리로다.
어찌 할꼬,
심산 험로 정수 없는 길이로다. 불쌍하고 가련하다.
언제 다시 돌아오리."

하늘나라는 들어가는 문이 좁고 매우 낮아 무릎을 꿇고 몸을 최대한으로 오므리지 않으면 들어 갈 수가 없다고 한다. 하늘 길도 병목 현상이 있어 체증이 심한지, 아니면 들어갈 사람이 너무 많아 순서를 기다리고 있는지, 천지 사방 널려 있는 헤아릴 수 없이 빼곡한, 수많은 묘소들에 충격을 받았다. 평소 하늘나라로 갔다고 해서 하늘 위로 높이높이 올라갔는가 했더니 모두 땅을 떠나지 못한 채 땅 속에 누워 말이 없다. 살아 숨 쉬고 있는 사람들이 차지하고 있는 땅 넓이보다 죽어 누워 있는 시신들이 차지하고 있는 땅 면적이 더 넓은 건 아닌지, 무한히 널려있는 봉분에 다시 한 번 놀란다.

연기로 사라진 시신들까지 모두 땅 속에 묻혔다면 온 천지가 묘소로 뒤덮일 것 같다. 안타까운 사연을 간직한 무덤, 하소연 같은 둥근 봉분을 이고, "너도 곧 그 때를 맞이할 것이니 잘 준비하라."는 듯 봉분 앞에 박혀 서 있는 비석들이 천근만근 무겁다.

올 때는 기뻐하고 떠날 때 슬프다고 한다. 부질없는 인간세상 떠돌다 가는 나그네들 "고인(故人)의 명복을 빕니다."

고인(故人)을 위한 최고의 녹색 환경과 최대의 시설. 신중하고 신속한 처리 과정은 고인(故人)이 고인(高人)임을 실감하게 했다. 잠시 대기실에 있던 고인은 시간이 되자 승화실로 향했다. 여기저기에서 들리는 소리가 처절하다.

"불쌍한 우리 어머니."

"가엾은 우리 아버지. 안녕히 가세요." 라고 울부짖으며 큰 소리로 통곡을 했다. 관은 머리 쪽이 먼저 들어가고 흰 공단 관보가 깃발처럼 휙 걷어지는 모습은 고인이 가족들에게 마지막으로 흔드는 손짓이다.

"얘들아, 잘 있거라."

승화실 입구에서의 절차가 끝나자 승화원 직원의 정중한 거수경례는 이승과의 최후의 마지막 인사임을 아시는가. 경례를 마친 승화원 직원은 마침내, 마침내 승화실 문을 걸어 잠궜다. 또 여기저기서 "아이고, 아이고." 목이 멘 소리가 났다. 사랑하는 가족이나 가장 가까운 사람들이 서로 헤어지는 괴로움은 인생 팔고 중에 애별이라고 한다.

죽음에 '응'하여 영원히 이별하는 슬픔은 하늘이 무너지고 땅이 꺼지는 절망이라고 한다. 누군지도 모르는 시신을 향하여 수 없는 거수경례를 올리는 승화원 직원의 직업이 눈물겹다. 이제 한 시간 사십 분 후, 우리는 뼛가루가 된 고인과 한 번 더 만날 것이다.

누가 사람은 다 같다고 했는가. 목욕탕에서 벗은 알몸이 잘나고 못남이 없어서인가. 들이쉰 숨 거두고 베옷 입고 관속에 들어가고 뚜껑 덮이어 승화원에서 가루가 되는 뼈아픈 슬픔이 모두 같아서일까. 육신은 살아 있을 때나 가치가 있는 것이지 들어갔던 숨이 나오지 않으면 곧 내생이다. 죽으면 땅속에 묻혀 한줌 흙이 되고 화장하면 한줌 재가 되고 마니 인생이 무상하다고들 한다. 즐거움과 괴로움이 늘 섞여 있는 곳이 이 세상이니 살아있을 동안에 후회없는 죽음 길을 맞이할 수 있도록 노력해야겠다는 생각이다.

어머니의 생명이 나를 만드셨고, 사람으로 태어나기까지 열 달 동안 육신의 일부가 망가지고 사라지는 일이 없었던들 나는 태어나지 못했을 것이다. 어머니의 죽을 각오로 나는 태어났다. 올올이 백발로 엮어진 주름살, 입고 가신 베옷에 얼룩진 인고의 눈물을 미처 닦아내지도 못한 채 가시면서도 어머니인 것이 행복했던 어머니. 문 밖 거리에 나서면 나이든 어르신들의 모든 얼굴이 어머니의 모습으로 다가와 가슴 속을 파고들어 마음을 헤집는다.

단풍이 곱던 날 먼 길 가신 어머니는 지금 어디쯤에 머물렀을까. 쇠 절구공이를 갈고 갈아 바늘을 만든다한들 잊힐까.

그리는 마음 눈가를 적신다.

길

화산섬의 매력을 그대로 보여주는 봉긋봉긋 솟아오른 수많은 오름들의 일출봉, 바로 밑에 넓게 펼쳐진 목초밭이 광대합니다.

드문드문 말들이 서 있습니다.

가까이 가니 얼굴을 하늘로 쳐들고 "히이잉" 콧소리를 냅니다. 한발 뒤로 물러섰습니다. "겁먹은 인간아 무섭니?" 하는 듯 눈을 옆으로 뜨며 쳐다봅니다.

언덕을 내려오니 펼쳐 놓은 듯 넓은 바위가 있고 사이사이로 작은 바위들이 조화를 이루며 바닷물이 찰랑거립니다. 깨끗한 바다와 그림같은 황홀한 풍경이 헛된 욕심을 슬그머니 내려놓게 했습니다.

그림이나 사진에서 만났던 잠수복을 입은 해녀가 해삼과 멍게를 권했습니다. 그분들을 직접 만나게 된 게 반가웠습니다.

'휘익. 휘 ~익.' 물밑에서 참고 참았던 숨 고르느라 나오는 휘파람소리, 한숨보다 더 절실한 살아있음을 확인하는 숨소리, 물속에서 무사히 살아나왔다는 절규, 이른바 숨비소리입니다.

비행기 뜨고 내리는 전파가 오가는 하늘 아래서 태고의 생활을 이어가는 해녀, 바다는 힘들고 어려워 후세에 다시 태어나면 누에치기를 하는 삶을 살고 싶다고 했습니다. 양은 쟁반에 담겨진 해삼과 멍게가 조금은 안쓰럽습니다.

청정한 바다 속 물고기들과 친구하고 그림같은 풍경 속에서 건져진 그것들이 멋진 접시에 담겨져 품위 있는 대접을 받아야 하지 않을까라는 생각이 듭니다. 여기저기 편한 대로 흩어져 있는 여러 사람들의 먹거리 계산은 어떻게 할까. 보통은 후불로 계산하니 말입니다. 선불이므로 그런 걱정은 안 해도 됩니다. 그래야 나중에 혼돈이 없을 것이니 말입니다.

쟁반을 들고 마음에 드는 자리에 앉아 너른 바다를 보며 한세상 시름을 잠깐 놓기에 아주 좋은 환경과 분위기에 도취되어 바다의 신이 된 듯 황홀했습니다. 행복한 마음은 제대로 살아야겠다는 다짐을 하게 했습니다.

양은 쟁반을 돌려드리고 아쉽지만 이곳을 떠나려 하니 " 돈내라"고 했습니다. 쟁반을 건네받을 때 이미 드렸노라 했더니 믿지 않았습니다. 당혹스럽고 부끄러웠습니다. 그래서 다시 먹거리 값을 드릴려고 했습니다. 그런데 다른 분에게도 돈 내라 합니다. 그 분이 화를 냈습니다.

"당신들 돈 먼저 받고 먹거리 주고서 또 달라 하느냐"고 소리치니 "아 그랬느냐."고 그러면 가라고 했습니다.

순간 행복의 가치와 마음가짐에 상채기가 났습니다. 옆에

분이 말씀하셨습니다. 남자들 술 한잔 얼큰히 걸치고 혼자 왔다가 큰 봉변당하겠노라고. 이 좋은 곳 제주도에서 특히 맑고 맑은 바다 속을 인어처럼 헤엄치는 해녀들의 행위에 그만 상처를 입었습니다.

우리나라에서 유일하게 바다로 직접 떨어지는 폭포이며 검은 빛 바위 절벽에 쏴~ 하는 폭포음과 함께 햇볕을 받은 물줄기가 은빛으로 반짝이며 맑은 날에는 무지개가 폭포에 걸리기도 하는 짙푸른 바다의 정취와 독특한 풍광의 정방폭포, 그 아래 검은 돌들의 모습에 마음을 빼앗겨 아까의 상처를 잊기에 알맞았습니다.

검고 둥근 돌들이 서로 몸을 맞대고 있는 모습이 다정하고 따뜻한 감정을 솟게 했습니다. 맨발로 돌을 밟아 나오니 약수 물을 먹을 수 있었습니다. 바다 가까이에 물이라 짜지 않을까 했더니 신기하게 물맛이 아주 상쾌하고, 몽실몽실 통통한 돌 위에 앉으니 기분이 매우 좋았습니다.

바로 눈앞에 먹거리 포장마차에서 나이 드신 해녀 분들이 먹거리를 권하였습니다. 요즘 젊은이들은 전혀 물질을 안 하기에 나이 드신 분들만 전설처럼, 몇 안 되는 숫자로 명맥을 잇는 사정이라 합니다. 몽돌을 깔고 앉은 행복함은 이분들의 먹거리를 먹는 것이 보답이라는 의무감마저 들었습니다. 이번에도 양은 쟁반을 내밀어 돈부터 내라하여 거스름을 받았습니다.

몽글몽글 구름처럼 생긴 돌 위에 앉아 아까의 불쾌감도 너른 바다위로 날려 보내며 잘 살아서 보람도 찾아야겠다고 다짐했습니다.

쟁반을 돌려 드리려고 했습니다. 그랬더니 "먹는 값은 내야 할 것 아니냐"는 것입니다. 드렸다고 하니 안 받았다고 막무가내입니다. 조금 전에 거스름돈까지 받았다고 내 보였습니다. 그제서야 "그랬구먼" 합니다.

이것이 무슨 일일까. 불쾌한 방법으로 상행위를 하는 실망스런 해녀 할망들 때문에 속이 터집니다. 천혜의 비경과 신비로움이 가득한 환상의 섬을 두 번 다시 오지 않을 것 같은 비감한 생각이 괴롭게 합니다. 그리고 혹 외국인들에게는 그러지 않기를 마음속으로 부탁드려 봅니다.

그러나 그 분들이 먹거리 값을 더 요구했을 때 지갑의 사정이 되는 한 선선히 열 번이라도 백 번이라도 응했어야 옳다는 생각입니다. 이런 방법으로나마 고단한 삶을 조금은 보상받고 싶었을지도 모를 일을 깊이 보지 못한 것 같아 미안하고 부끄러웠습니다.

응수 공양의 길은 꿈도 꾸지 말아야 할 것 같습니다.

바구니 들고 나물 캐러가는 소녀처럼, 시장가는 어머니처럼, 때로는 미어지는 아픈 가슴을 부여안고 그렇게 바다로 들어가는 여인 해녀, 그들의 고단한 삶을 조금은 위로 받고 싶은 응석일 수도 모를 일을 깊이 들여다 보지 못한 짧은 생각에 미안했습니다. 세상 온갖 번뇌를 끊어 사람들로부터 칭찬 받고 격려에 힘이 되는 훌륭한 사람이 되고 싶은 꿈은 사라져 갑니다. 많이 참고 내려 놓는 일에 충실하여 배우는 길만이 잘 사는 길일 것입니다. 똑바로 보고 올바르게 분탕질 속에서 나를 건져내고 합리적으로 최선을 다하는 사람이 되는 배움의 길로 향합니다.

오늘도 내일도…….

세상에 없으면 좋을 일들

어떤 이는 돈 주고 산 청약예금 통장으로 아파트 투기를 합니다. 투기를 한 아파트 값은 천정부지로 올라 속수무책입니다. 그리하여 가진 사람은 더 많이 갖게 되고 없는 사람은 더 어렵습니다.

귀신도 싫어한다는 고3 학생은 입시에 지쳐 밥을 먹지 못합니다. 밤 늦게 돌아와 책을 펴놓고 앉으니 머리는 어지럽고 속이 울렁거리며 구토증이 일어납니다. 휴지통에 웩웩거리니 낮에 점심으로 때운 떡볶이와 김밥이 삭지도 않은 채 넘어옵니다.

누군가의 결혼한 딸은 남편 때문에 속을 태웁니다. 카드 긁기에 이골이 나서 부채가 눈덩이처럼 불어나 파산 지경이라고 합니다. 초등학생 손자가 학교 갔다 오면 책가방 던져 놓고 컴퓨터 게임에 빠져 밥 먹는 것도 잠자는 것도 모른다고 합니다. 이른바 컴퓨터 중독입니다.

어떤 찌질한 남편은 "섹시하지 않은 여자하고는 못 살아." 애교가 없고 모양새가 섹시하지 않아 매력없다고 다른 여자와 동거를 하였다고 합니다. 이혼하자는 부인에게는 참고 기다리지 않는다며 언어폭력을 쓰다가 어느 날 갑자기 이혼 서류를 내밀며 관계는 깨끗해야 한다고 했다는 사람도 있습니다. 그 후 십 년이 지난 오늘에 와서 아이들 잘못 키웠다고 간섭하며 "내가 왜 사는지 아느냐?"고 다그치고 윽박지르며 괴롭히는 이혼한 남편 때문에 고통받는 어머니가 있었습니다.

나비 엄마라는 사람도 있었습니다. 갈 곳도 없으면서 화장 짙고 야한 옷을 입고 손바닥만한 애완견을 옆구리에 끼고 대문을 나서던 나비 엄마는 라면, 우유, 공과금, 자장면, 구멍가게, 동네 식당, 약국, 화장품 가게, 아이들 학원비 등 그 어떤 모든 것이건 외상으로 할 수 있는 것은 모두 외상하고 빌릴 수 있는 돈은 모두 빌려 가지고 어느 날 자취를 감추었습니다. 어느 무더운 여름날 사라진 나비 엄마의 살림살이 가재도구들이 대문 밖에 이삿짐처럼 쌓였습니다. 선비처럼 반듯하고 직장에 충실했던 나비 아빠는 나가 버린 아내의 살림 가재도구들을 모두 없애 버리는 결심으로 속을 태워 버릴 것 같은 배신의 불꽃을 조금은 잠재웠을까요?

백화점이란 백화점의 비싼 외제 명품이란 명품을 모두 사들이는 명품 주부가 거리를 넘실대는 세상. 홈쇼핑에 나오는 물건들을 쓰지도 않으면서 좁은 아파트 창고에 가득 채워 놓고도 매일매일 사들이지 않으면 불안해서 못 견디는 홈쇼핑 중독 남편과 살아야 하는 여인의 살맛 없는 세상. 삼십 년 동안 매일 밤낮으로 술만 먹는 백수. 알콜 중독을 넘어 정신질환에 가까운 가장. 가족의 한계를 넘어 세상 떠나 주기를 바라는 어느 집 늙은 어머니.

며느리에게 미안한 나이 든 어머니, 며느리에게 이혼하고 나가서 편히 살라 했더니 하느님께 받은 소명이라고 불쌍한 사람 사랑으로 끝까지 노력하여 신앙의 힘을 보여드리겠다고 합니다.

태어날 때부터 사지육신이 뒤틀리어 눈은 있으되 흰자위로 홀랑 덮여 앞을 전혀 보지 못하며 잔뜩 오그라진 손가락 발가락은 있는 힘 다해 펴도 다시 오그라드는 서른 나이 아들이 있어, 그 아들의 육신을 씻기면서 "후세에 큰 스님으로 다시 태어나 중생을 제도하소서." 라고 기도하는 어머니.

기도 열심히 하고 헌금도 많이 했는데 되는 일 없다고 하느님께 도전장 내미는 신도가 있는 세상.

천억 가진 부자 아버지가 20억 가진 딸의 신랑감을 찾는다는 신문 광고를 냈는데 이틀 만에 삼백여 명이 신청을 했다고 합니다. 돈 때문에 장가가려는 아들들, 어느 부모가 허락할까? 못난 아들놈들의 광기가 부모 모르게 하는 짓거리이겠지요. 그런데 그 못난 아들놈들이 모두 잘 배우고 훌륭하다는 의사, 법관, 교수 등 내노라하는 최고의 인텔리들이라는 것입니다. 아무리 많은 돈 가졌다 해도 죽으면 가져갈 수 없다오.

오늘은 어제 세상 떠난 사람들이 기대하고 희망을 가졌던 내일입니다. 없었으면 좋은 일들을 속이 허허로워도 참고 사는 것은 오늘보다 나은 내일이 있기 때문입니다.

모두 덕 많이 쌓고 복 많이 지으소서.

아무것도 가진 것 없이 복을 빌어 주는 쥐뿔의 소망입니다.

창해일속

꽃잎을 하늘 위로 피워 올리는 흰 목련이 그윽한 향기를 풍기던 계절에 초등학교에 입학을 했다. 예쁜 원피스를 입고 단발머리 나풀거리며 꽃처럼 활짝 웃었고 나비처럼 춤을 추었다. 새로운 세상에 눈을 뜨고 살아가는 방법을 익히고 배우는 학교생활을 시작한 지 석 달이 채 안되었을 때 총소리 대포소리는 학교를 갈 수 없게 하였다. 어른들에게 언제 다시 학교에 갈 수 있을지 물으면 난리통에 무슨 학교갈 생각을 하느냐고 눈치 없는 어린 것이라고 생각하시는 것 같았다.

난리는 어른들의 일이고 학교에 가고 싶다는 생각이 간절하여 학교 앞에서 서성거렸다. 어른이 계시면 언제쯤 학교에 올 수 있을지를 물어보고 싶었다. 그러나 교문은 묵묵히 커다란 열쇠를 달고 굳게 닫혀 있었다.

어머니는 우리 자매에게 가마니를 깔아놓은 지하실 바닥에 이불을 씌워 놓고 밖에는 절대 못 나가게 하셨다. 귀를 틀어막은 솜뭉치가 귀찮아 몰래 빼보면 쿵쿵거리는 대포소리와 칼날 가는 날카로운 소리를 심하게 내며 사라지는 쌕쌕이 소리가 너무 커서 무서웠다. 난리라는 것은 학교도 갈 수 없고, 밖에도 아무데도 갈 수 없는 무서운 것이라는 것을 알게 했다.

어머니는 지하실에 약간의 옷가지와 먹을거리를 옮겨놓고 틈틈이 나가셨다. 어디로 무엇을 하러 가시는지 궁금했으나 긴장된 어머니의 공포에 질린 무서움뿐인 얼굴은 우리 걱정이 크다는 마음만 알 수 있는 눈빛이었다. 어디론가 갔다 오시는 어머니의 손에는 얼마 되지 않은 양식이 들려 있음을 알았다.

어느 날 어머니는 우리에게 전쟁이 나서 밖에 나가면 총이나 대포가 쫓아올 수도 있으니 꼼짝 말고 있어야 하며, 아버지는 전쟁이 끝나면 돌아올 것이니 그때까지 아버지 이야기를 하면 안 된다고 하셨다. 어떤 날도 어머니는 우리 귀에 솜을 틀어막고 이불을 씌우는 단속을 하시고 양식을 구하러 나가셨다. 귀속에 솜이 덥고 갑갑하여 살짝 빼어보니 바로 지붕 위에서 폭탄을 떨어뜨리는 듯 크고 무서운 소리가 났다. 귀청 터질까, 놀라 자지러질까 염려되어 그리하신 것을 알게 된 철부지였다. 왜 난리가 났는지, 난리는 언제 끝나는지, 난리는 왜 이렇게 무서운 건지, 시끄럽고 갑갑한 이유가 무엇인지 궁금했으나 알 길이 없었다.

촛불도 호롱불도 못 켜는 깜깜한 밤이면 무서움보다 갑갑하여 살 수 없다는 생각이 들어 어머니가 나가신 뒤 학교까지 가보려고 집을 나섰다. 석 달여를 다닌 학교 길은 밤에라도 갈 수 있었다. 학교는 우리 집보다 좀 높은 언덕 위에 있었다. 조그만 여자아이가 어두운 밤에 학교 언덕길을 오르는 일은 매우 위험한 일이었다. 중간쯤 올라갔을 때 갑자기 대포 소리가 났다. '쿵'하고 큰 소리가 나며 아래 동네가 대낮같이 환하더니 하늘을 찌를 듯한 불기둥이 치솟아 오르면서 활활 불에 타고 있었다. 그 불길은 곧 내게로 와서 나도 태울 것 같아 무서운 생각에 신발을 벗어들고 우리 집 지하실까지 어떻게 왔는지 생각이 나지 않았다. 마침 돌아와 계신 어머니께서는 아예 아무 말씀도 못하셨다. 불붙는 전쟁터에서 무사히 돌아온 것만 다행인 표정이다. 놀란 가슴에 어머니 말씀을 지킬 것을 다짐하며 숨을 죽였다.

전쟁이 끝나고 학교에 돌아왔을 때도 불붙는 언덕 아래 동네를 잊을 수가 없었다. 그곳에서는 아무도 무사하지 못했을 것이고 무사하지 못했을 사람들을 생각하면 언제나 마음이 어둡고 무거웠다. 밥 먹다가 불붙는 아래 동네 생각이 나면 수저를 놓게 되고, 공기놀이, 고무줄뛰기를 하다가도 아래 동네 생각이 나면 그만두었다. 비록 그 사람들을 알고 있었다 해도 어린 나로서는 어떻게 할 방법이 없는 것에 슬픔을 느꼈다.

그즈음 옆집에 수녀님 가족이 살고 있었다. 생활은 어렵고 가끔씩 가족을 찾아오는 수녀님은 한쪽 눈을 잃으신 것이다. 내 생각에는 그때 그 언덕 아래 동네에서 수녀님의 눈이 그리되신 것 같았다. 파리한 얼굴과 가냘픈 몸매에 걸쳐진 검은 수녀복은 수녀님을 옭아매고 있는 쇠사슬 같아 보여 안쓰럽기 그지없었다. 검고 무거운 수녀복을 벗으면 새털같이 가벼워 편안할 것 같은 생각이 나를 몹시 힘들게 했다. 어느 날 성당 종소리를 들으며 기도했다.

“수녀님의 눈을 고쳐주십시오.”

수녀님의 눈이 나으면 불타는 아래 동네를 잊을 수 있겠다는 생각이었다.

자신을 엄격히 절제하고 혼자서 고통을 이겨내며 스스로 각고의 길을 걸으며 인간 모두의 고통과 모든 사람들의 슬픔을 헤아리기 위해 희생하고 봉사하는 성직자들을 머리 숙여 존경한다.

전쟁 후, 수녀님의 눈을 낫게 해 주십사로 시작한 신앙이 요즘 많이 흔들거린다. 풍족한 헌금과 봉사 한번 못한 오랜 세월 속에 신자는 염치없고 미안하여 교적이라도 없앰으로 사제들의 수고를 손톱만큼이라도 덜고 싶다는 생각이다.

사제들은 여러 마디의 설교보다 단 한마디의 진실과 신뢰와 사랑의 마음을 키워주는 동기를 만들어주면 좋을 텐데, 온갖 화려한 말만 난무하고 있는 듯 하니 목숨 내놓고 순교한 넋들을 헤매게 하는 건 아닌지. 동네마다 높아지기만 하는 교회 첨탑과 비대해져 가는 신전의 모습을 볼 때마다 점점 작아지는 신앙심은 넓은 바다에 한 알의 모래알보다도 못한 부족한 존재이기에 가슴이 에인다.

갖고 싶은 것들

흙으로 빚은 질항아리를 많이 갖고 싶다. 외양이 우둘두둘 거칠고 못 생긴 것부터, 몸가짐 단정하고 언행이 바르며 비린내 나는 무리를 가까이 하지 않는 선비같은 기품도 있어 보이는, 크고 잘 생긴 항아리를 천 개쯤 모아 놓으면 그런 장관이 없겠다. 그것들을 들여다보고 닦으면서 속을 채우고 싶다. 채워도 채워도 그 속에는 아무것도 보이지 않는다. 낮에는 햇볕을 가득 담고 밤이면 달빛을 담아 채운다. 항아리마다 보이지 않는 마음을 가득가득 담고 싶다. 바르게 살려는 각오, 불의를 거부하는 양심, 치밀하고 정성을 다하는 한결같은 마음, 분노와 시기를 내려놓고 자신을 낮추는 하심, 그리고 멀리 떠난 사랑의 안타까운 그리움도 담아야 한다.

날이 가고 달이 가도 생긴 모습 그대로이고 아무것도 먹지 않아도 항상 배가 부른 변함없는 항아리를 보는 감정은 순수하다. 지위를 따지지 않으며, 이유 없이 사랑하고, 조건 없이 베풀며, 내 분수를 알고 하루하루를 잘 보내고 싶다.

장독대 옆에는 크고 작은 나무와 꽃이 가득한 정원이 있었으면 좋겠다. 묘목이 좋은 사람은 한 그루씩 가져가도 된다, 혹여 수익성이 있는 나무는, 남을 위한 기도와 자신의 절제로 평생을 바친 은퇴한 성직자들에게 보탬이 된다면 얼마나 좋을까. 숲속 같은 정원을 지나 한 켠에 고래등 같은 훌륭한 집이 아닌, 세월의 한 자락을 덮고 있는 허름한 집이 있으면 한다.

거칠고 다듬어지지 않는 송판이나 아예 통나무로 만들어진 서까래와 천정, 진흙 벽이면 더욱 좋다. 하루 농사일에 고단한 몸 뉘이고 곤한 잠 잘 수 있는 공간이면 된다. 바쁜 농사일에 손톱 사이는 흙이 끼어 군데군데 시커멓고, 눈꼽도 미처 닦아내지 못한 누런 이빨의 아낙이고 싶기도 하다.

허름하고 낡았으나 추하지 않은 조그만 집에도 책이 가득한 방은 있어야 한다. 새로운 책도 있어야 하지만 손때가 묻어 더러운 듯, 오래되어 낡아 귀퉁이가 부스러진 것은 더욱 좋다. 사람이 태어나 평생을 살면서 할 수 없는 세 가지가 있다고 한다. 세상에 있는 음식 다 못 먹어보고, 세상 구경 다 할 수 없고, 세상에 있는 책 다 못 본다고 한다. 읽을 수 있을 때까지 책을 읽어야 장독대 항아리 속을 채울 것이다.

어느 때 더위를 피해 먼 곳 산속에 갔었을 때가 있었다. 깊은 산 우거진 숲은 시원하지 않았다. 짙은 녹색의 시커멓고 울창한 나무들은 오히려 더위를 가중시킨다는 생각을 하며 후회하고 있을 때 숲속 어디에선가 산울림되어 들려오는 소프라노 맑은 노래 소리가 더위를 시원하게 식혀 준 적이 있었다. 오래 전 일이지만 무더위 속 맑은 노래 소리는 지금도 내 가슴속에 젖어있다. 호소력 있고 설득력 있는 목소리를 갖고 싶다. 세상살이 외로움을 달래주고, 고단한 영혼에게 위로가 되는 노래를 많이 부르고 싶다.

명품이란 명품도 모두 갖고 싶다. 가방, 화장품, 속옷에서부터 멋들어진 외출복까지, 가방 등을 다 갖는다고 명품이 되는 게 아니다. 머리끝부터 발끝까지 얼굴도 성형해서 명품에 맞추어야 한다면 본 품인 나는 어디에 있게 될지 모를 일이다. 잘 못 맞추면 명품이 짝퉁 되는 수가 있다. 잘 관리해야 하는 구속감에 자유롭지 못한 명품은 피곤하다. 많은 비용들여 외모만 명품이면 무엇할 것인가 생각해 본다. 마음속, 머릿속이 명품이어야 할 것이다. 눈으로 보는 것은 한계가 있으니 눈이 가르쳐주는 것이 아닌 마음이 가르쳐주는 멀리, 크게, 넓게 보는 마음의 눈을 갖고 싶다.

마음공부는 턱없이 부족하면서 갖고 싶은 것, 명품 이야기를 하는 나는 "나는 지금 무엇을 하고 있습니까?"의 연구대상이라는 생각이 든다.

자기도취의 꿈에서 깨어 정상을 향해가는 신발 끈을 고쳐 매야 할 때 냉수 먹고 갈비트림 하고 있다는 생각이다.

시장길

우리 집에서 20분 정도 걸어가면 아주 오래된 시장이 있다. 그 길은 시멘트로 포장된 길만 있는 것이 아니고 시골길 들판처럼 흙을 많이 볼 수 있다.

봄이면 갈라진 틈 사이에서 발길에 치여 크지 못한 풀잎이 삐져나와 손짓하기도 한다. 추운 겨울 얼어 죽지 않고 참고 지내다가 두껍고 강한 시멘트 틈바구니 사이를 비집고 나온 풀잎의 생명력에 감동한다. 푸른 잎의 인내와 생명의 힘을 보며 내 자신은 과연 얼마나 끈기 있게 참고 살아왔는지 돌이켜 본다.

틈을 따라 파랗게 나온 푸른 잎 사이 앙증맞게 작은 얼굴로 배시시 웃고 있는 노란 꽃 하나가 신비로워 걸음을 멈추고 있을 때면, "땡 땡" 소리에 걸음을 재촉하며 건너야 하는 땡땡 거리 기차 건널목이 있다. 끝없이 길게 누운 철길 양옆 넓은 둔턱에 푸른 나무새와 이름 모를 들꽃과 가을의 코스모스는 먼지 묻고 오염된 마음을 씻어내기에 안성맞춤이다. 도심 한복판에서 땡땡 거리 기차 건널목을 건너 시장을 다니면서 시골에 사는 듯 푸근하고 넉넉해지는 행복이 있는 것은 매우 감사한 일이다. 이 시장은 나의 할머니와 어머니가 다니셨고 할미가 된 내가 오늘도 다닌다. 땡땡 거리를 건너 오른쪽으로 돌아서면 기찻길 옆 오막살이 같은 대대로 이어온 대장간이 있다. 이 대장간은 언젠가 장인의 집으로 TV에도 나왔다. 부엌칼과 가위를 이곳에서 손본다. 농기구나 공업용 기구를 만드느라 늘 바쁜 일손이지만 칼과 가위를 작은 것이라고 소홀히, 귀찮이 여기지 않고 값이라고도 할 수 없는 적은 비용으로 손보아 준다. 조그만 일에도 소홀하지 않고 소중함을 알게 해준 대장간 앞을 지날 때마다 "고맙습니다." 혼자서 중얼거린다.

대장간 앞 횡단보도를 건너면 올망졸망 나이 드신 할머니들의 길거리 시장판이 벌여져 있다. 시장 안에서 살 수 있는 물건도 있지만 손수 농사지은 듯한 한 줌의 야채와 푸성귀 등 시장 물건이 아닌 것들도 있다. 그것들을 구경하면서 시장 안으로 들어간다. 시장 입구 세 번째 집은 세월의 흐름을 증명하는 듯 다 쓰러져 가는 건물이다. 박물관에서나 볼 듯한 예전 무쇠솥에다 도넛이나 찐빵을 직접 튀기고 찐다.

가게 어른의 다리와 등이 튀기고 찌는 기구 위치에 맞게 굽어 있음을 보며 몇십 년을 튀기고 쪘을 것이라고 생각해 본다. 알뜰살뜰 정성이 배인 도넛이나 찐빵을 사지 않으면 그분들의 정성이 무시되는 것 같아 가끔 사가지고 온다. 팥은 직접 씻어 삶아 만드신다 하니 안심하고 먹는다. 빵집 것보다 단맛이 덜하고 소다 냄새가 난다. 젊은 입맛에 맞을 리 없는 이것이 건강에는 좋은 것인데.

한동안 이럭저럭 근처 마켓에서 먹거리를 장만하느라 시장을 가지 못했다. 한 달여 만에 온 시장 길은 잎새들이 무성해졌을 뿐 변한 게 없이 그대로이다. 눈만 뜨면 변하는 주위 환경 때문에 현기증이 나서 어지러운데 수십 년을 다녀도 변하지 않는 이 길을 나는 많이 좋아하고 있는 것이다. 입구 세 번째 집 찐빵가게 어른이 안 보인다. 어른을 많이 닮은 젊은이가 대신 있다.

"어디가 편찮으신가요?"

낯익은 안주인에게 여쭈었다. 대답이 없다.

"어디 가셨어요?"

우물쭈물 대답하기 거북해하시더니,

"아주 먼 길 가셨어요."

연세 높아 하느님의 부르심을 받으신 것이다. 오랜 세월 시장 사람들에게나 시장을 오가는 모두에게 성실과 끈기를 알게 해주시더니….

어른께 명복만 빌 뿐 할 수 있는 것은 아무것도 없고 다만 얼마치의 도넛이나 찐빵을 사는 것으로 마음을 달랠 뿐이다.

나의 손녀들

비행기로 열 시간을 가야하는 먼 곳에서 태어난 아기를 보살펴 줄 수가 없어 걱정이 많았는데 무사히 태어났다니 감사하기만 했다. 가끔 신문지상에서 아기가 바뀌는 일, 또는 십년 이상을 키운 자식이 신생아실에서 바뀌었다는 등 극대화된 노파심을 참을 수가 없었다. 며느리에게 신중하고도 조심스럽게 말했다. 다른 아기들은 모두 노랑 머리인데 까만 머리는 우리 아기 하나 뿐이라고 했다. 까만 머리? 하긴 서양인들의 자손이니 노랑 머리카락이겠군. 비로소 가슴 쓸어내린다.

반년 후에나 만나야 할 아기를 생각하면 흥분이 되어 일이 제대로 안 된다. 어떤 표정과 웃음으로, 어떤 옷을 입고 대해야 할지 기다려지는 시간은 길기만 하다. 마음을 고정하고 침착함을 강조하며 공항으로 향한다. 시장통보다 더한 북새통, 수많은 사람들의 발길과 끊임없이 울려대는 소음, 세상에서 가장 복잡하고 부산해서 싫은 곳 중 하나가 공항 로비라면 과장일까. 아! 그러나 아기를 보는 순간 군중들의 소음은 경건하고도 우렁찬 찬미의 대 합창이요, 수많은 발자국들의 움직임은 천사들의 황홀한 춤이며, 혼탁한 공기의 흐름은 향기였다.

먹으로 콕 찍은 까만 두 눈은 반짝이는 별, 바늘 귀보다 더 작은 코로 들이쉬고 내쉬는 몽글몽글 피어나는 숨결은 생명의 신비함을 드러내며 탄성을 지르게 한다. 가늘고 작은 손가락 끝에 보석처럼 정확히 박힌 손톱, 발톱 신비롭고 경이로운 것을 무엇으로 어떻게 표현하면 부족함이 없을까. 기쁨이 벅차올라 숨이 막힐 듯한 가슴은 흥분되어 둥둥 하늘로 하늘로 날아가는 느낌이다. 이렇게 고귀하고 귀중한 신의 선물이 내게도 오다니. 부디 이 선물에게 많은 은총과 축복을 주소서.

아기가 자라나서 유치원때 글을 알게 되더니 책도 읽고 편지도 쓴다. 해마다 할아버지 생신때는 커다란 스케치북에 글과 그림을 그려온다. 매우 서툴다. 할아버지의 손녀임을 자랑스럽고 사랑한다는 내용은 늘 같지만 새롭다. 조그맣고 앙증맞은 입으로 생일 축하 노래도 부른다. 그림일기가 그려진 종이에 천원

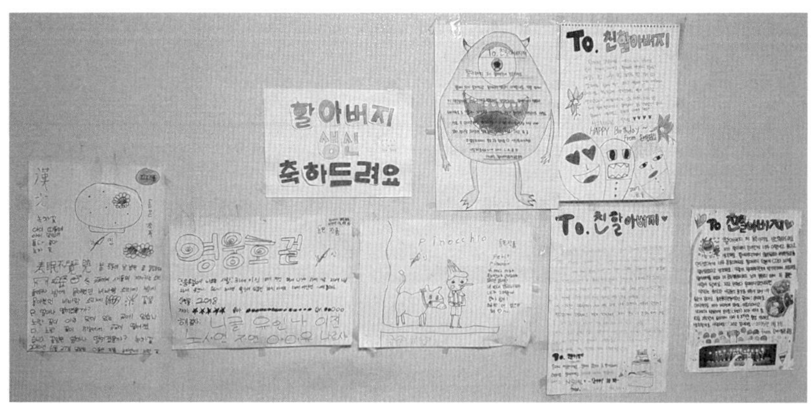

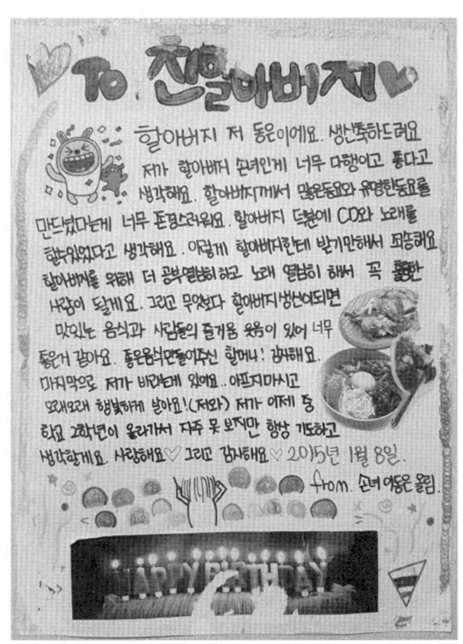

To. 친할아버지♡

할아버지 저 동은이에요. 생신축하드려요
저가 할아버지 손녀인게 너무 다행이고 좋다고
생각해요. 할아버지께서 많은동요와 유명한동요를
만드셨다는게 너무 존경스러워요. 할아버지 덕분에 CD와 노래를
할수있었다고 생각해요. 이렇게 할아버지한테 받기만해서 죄송해요
할아버지를 위해 더 공부열심히하고 노래 열심히 해서 꼭 훌륭한
사람이 될게요. 그리고 무엇보다 할아버지 생신이되면
맛있는 음식과 사람들의 즐거움 웃음이 있어 너무
좋은거 같아요. 좋은음식만들어주신 할머니! 감사해요.
마지막으로 저가 바라는게 있어요.. 아프지마시고
오래오래 행복하게 살아요! (저와) 저가 이제 중
학교 2학년이 올라가서 자주 못 보지만 항상 기도하고
생각할게요. 사랑해요♡ 그리고 감사해요♡ 2015년 1월 8일.
from. 손녀 이동은 올림.

짜리 한 장을 붙였다. 할아버지 용돈이라고 했다.

초등학교 들어가서는 그림일기 위에 만원짜리 한 장을 붙여오더니 중학생이 되고 부터는 자신이 모은 비상금이라며 만원짜리 두 장을 붙였다.

우리집 안방 한 벽면은 손녀들의 편지와 그림일기가 전시회를 열고 있다. 유치원때 것은 오래되어 테이프가 떨어진다. 떨어진 테이프를 할아버지는 보물처럼 소중히 다루어 보강한다. 그 글과 그림은 할아버지께 위안이 되고 힘이 되는 기쁨의 꽃으로 피고 또 피어난다.

아가들이 이제 어엿한 숙녀가 되어간다. 겉모습만 성장하는가. 내면도 올 곧게 성숙하기를 바라는 마음이다. 어느때 손녀들이 좋아하고 잘 먹는 음식을 내놓았더니 그것을 젓가락도 대지 않고 다른 음식만 손대기에 왜 그런가 했다. 출장 간 제 아버지가 매우 좋아하는 것인데 아버지 몫이 없을 게 염려되어 못 먹는 것이다. 겉모습만 아니라 속도 올곧게 크는 것에 감사했다.

오늘도 벽면 그림 속에는 밝고 신나는 손녀의 얼굴이 환히 떠 있다. 시들지 않고 지지 않는 희망의 꽃으로 피어 기쁨과 행복을 준다.

사랑하는 채원, 동은, 손녀들 파이팅!

오월 어느 봄날에

대전역!

지난날 많은 사연과 추억이 있는 역이라고 알고 있습니다. 전쟁이 났을 때는 서로 부둥켜 안고 울며 대전역에서 만나자고 약속하면서 헤어진 수많은 이산가족들이 있었습니다. 그들이 한 약속이 과연 지켜졌는지 궁금합니다.

참고 참았던 허기를 채우기 위해 미처 멈추지도 않은 기차에서 뛰어내려 김 오르는 오뎅국물에 가락국수를 말아 씹을 틈 없이 목 안으로 넘기고 뛰어올랐다는 역. 급히 최대한 빠른 동작이었어도 때로는 움직이기 시작하는 기차를 타려고 숨넘어갈 뻔했다는 대전역. 허겁지겁 먹은 그 우동 맛은 죽을 때까지도 못 잊을 맛이라고 했습니다. 대전역에서 먹은 맛이라서 그랬는지 그때 그 맛이 왜 잊을 수 없는 맛인지 모를 일이라고 했습니다.

"잘 있거라 나는 간다. 이별의 말도 없이…… 대전발 0시 50분……."

왜 말 없이 떠나야 했을까. 정정당당 솔직하게 말하지 못할 상황이 무엇이었을까. 통신과 교통이 극도로 발달한 요즘이라도 말없이 떠날 수 있었을까. 지금이라면 그 여인은 말없이 떠난 연인보다 한발 앞서 서울역에서 오히려 마중하고 있지 않았을까.

대전으로 향하는 기차를 탔습니다. 대전은 가끔 지나치기는 했지만 내릴 일이 없어 처음입니다. 오늘 그곳에서는 어린이들을 위한 큰 음악연주회가 있을 예정입니다. 어린이들을 사랑하시어 어린이들을 위한 노래를 짓고 어린이들을 칭찬으로 격려하시어 힘을 북돋아 주시니 많은 어린이들로부터 존경받는 원로 작곡가 선생님을 모시고 갑니다. 선생님을 옆자리에 모시고 가는 마음이 많이 행복합니다. 너른 창을 통해 밖으로 펼쳐지는 봄 풍경을 바라봅니다. 땅거죽을 뚫고 돋아 나오는 뾰족뾰족한 어린 새싹이 신비롭습니다.

지난 가을 잎을 모두 벗고 알몸을 부비며 겨우내 찬바람에 시달렸을 나무들은 다시 옷 입을 준비를 하느라 부지런히 움을 틔우고 있습니다. 포근한 햇볕은 삶의 기쁨을 키워 주며 밝은 내일을 꿈꾸게 합니다.

서울역을 출발한 부산행 기차입니다.

용산에서 출발하던 호남선 기차는 광명, 잠시 후 천안, 아산에서 멈추던데 이 기차는 계속 갑니다. 혼자서 생각했습니다. 부산행은 노선이 달라서 천안, 아산 가는데 시간이 더 걸리나 보다고 천안. 아산 다음이 대전인 것은 알고 있기에 말입니다. 창밖의 풍경은 아직 때가 일러 큰 변화가 없으니 기차가 멈추면 대전일 것이라는 생각입니다.

핸드폰 소리가 났습니다. 옆에 계신 선생님께서 "쯧쯧"하셨습니다. 매일 부딪치고 깨지고 다쳐 죽음마저 부르는 자동차, 주변을 수선스럽게 하는 말소리의 휴대폰, 온갖 필요 외의 것으로 아까운 시간을 보내게 하는 컴퓨터, 아무튼 문명의 이기인 자동차, 휴대폰, 컴퓨터 등을 가까이 하지 않는 아날로그적 생활인이십니다. 전화벨 소리는 그분의 머릿속 생각을 어지럽히는 일이라 생각되어 전화기를 들고 화장실로 갔습니다. 선생님을 모시러 나오는 분과 통화를 끝내고 자리에 돌아오니 차는 여전히 달리는데 동행한 선생님이 안 계십니다. 제 가방만 오뚝하니 자리를 지키고 있었습니다. 내릴 시간이 된 것 같아 이쪽저쪽 화장실을 두드려도 선생님은 안 계십니다. 뭔가 잘못된 느낌에 당황했습니다.

옆자리에 생김이 고운 청년이 있었습니다.

"대전이 아직 멀었습니까?" 청년은 부드러운 미소를 지으며,

"대전을 지났습니다."고 했습니다. 화장실에서 통화하는 사이 잠시 정차한 열차는 다시 달리기를 시작한 것입니다.

비상벨을 눌렀습니다. 승무원께서 다음이 동대구역이니 그곳에서 돌아갈 절차에 대해 자상히 설명하고 친절하게 안내해 주셨습니다. 세상 밖으로 내던져진 듯 막막한 외로움이 밀려오는 순간에 그 승무원이 부모님 같다는 생각이 들었습니다. 밖에 일 있으면 태워다 주는 것에 익숙한 나머지 스스로 움직여 오가는 것에 훈련이 안 되어 당혹스럽고 겁이 나서, 먹은 나이도 잊

은 채 어린아이처럼 두 다리 뻗고 엉엉 울고 싶었습니다.

말로만 듣던 난생 처음인 동대구를 정신 바짝 차리고 내리니 방향감각이 없어 어리둥절했습니다. 말이 통하지 않는 외국의 복잡한 어느 기차역에 있는 느낌입니다. 되돌아가는 방향을 잘못 판단해 반대로 가게 될까봐 걱정입니다. 가야 할 곳이 어딘지 두리번거리는데 아까의 그 청년이 대전으로 되돌아갈 승강장까지 데려다 주었습니다. 약속이 있어 차를 타고 떠나는 것까지 확인할 수 없음을 미안해 했습니다. 순간, 내 자신이 남을 위해 따뜻한 미소와 친절로 정성을 쏟았었는지를 되짚어 보았습니다.

동대구역에서 대전을 향하여 다시 승차한 기차는 도착 시간이 되어도 멈추지를 않습니다. 이러면 이 기차는 서울까지 그대로 가는 것입니다. 기차가 멈추기를 기다려도 2분, 5분이 지나도 멈추지를 않고 달리기만 합니다. 또 잘못되는가 긴장하는데 마중 나오신 분께서 기차가 8분 연착이라고 알려주십니다. 평소 기차의 연착을 좋아하는 편입니다. 정확한 시간에 도착되어 매정하게 차를 떠나는 것이 아쉽기 때문이죠. 그러나 지금은 사정이 달라 연착을 즐길 상황이 아니게 되었습니다.

오늘 처음 뵙는 이분은 어린이들 음악회에 원로 선생님을 모시는 도우미로 수고하시는 음향학 박사입니다. 과학단지 연구소에서 음향학 중 음향, 소음, 진동을 연구하시는 분입니다. 크고 작고 시끄러운 나쁜 소리만 듣는 귀를 가진 셈입니다. 소음진동 측정연구를 하느라 귀도 많이 나빠졌답니다.

많은 분야의 연구가 있지만 소음만 듣는 귀가 필요하다니 새로운 것을 알게 되었습니다. 음악이라는 좋은 소리만 듣는 음악인의 귀를 비교하니 귀의 역할에 대한 많은 생각이 듭니다. 아예 아무것도 듣지 못하는 불행한 귀도 있으니 말입니다.

부모님 생각을 갖게 한 친절한 승무원과 어머니께 효도하는 마음으로 보살펴 준 부드러운 인상의 이름 모를 청년, 두 번씩 대전역을 마중 나오는 수고를 하신 음향학 박사님의 따뜻한 마음이 어우러져, 당황했던 순간을 안심하고 편안하게 보낼 수 있었으니 매우 감사한 일입니다.

삭막하고 짜증나서, 그리고 메말라서 번데기처럼 오그라들고 얼음처럼 차가운 가슴 때문에 서로 모르는 척 살아가는 현대인들의 모습에서 오는 우울증이 말끔히 사라지는 기차여행의 추억이 생긴 봄날입니다.

고맙습니다. 모두 건강하십시오.

질그릇의 교훈

며칠 전에 종로 인사동에서 청계천을 거쳐 명동까지 걸어가게 되었다. 이 길은 초등학교 시절에 매일 아침저녁으로 다니던 길이다. 어린 시절을 떠올리기에 기록같이 생생한 길이지만 그 정경은 말할 수 없이 변해 있었다. 을지로 입구, 그곳 학교 자리는 알 수 없는 기관이 들어서 있었고 명동 성당 주변은 번화하여 옛 기억을 더듬기에 생소하기만 했다.

마침 한걸음 앞서가는 두 아가씨의 뒤를 따르게 되었다. 입은 쉴새없이 웅얼웅얼 주고받으며 걸음걸이가 일정하지 못하고 손은 아래위로 휘저으며 엉덩이는 양옆으로 왔다 갔다 하는 움직임이 어지러울 정도이다. 후하게 이해하자면 요즘 많이 하는 탭댄스라는 것을 추는 것 같은데 길을 가면서 춤을 춘다는 것은 문제 아닌가. 초미니 스커트에 끈만 달린 셔츠, 어깨에 줄이 두 개이니 브래지어는 한 것 같은데, 이 아가씨들이 속옷은 챙겨 입었을까를 생각하니 눈살이 찌푸려져 죽을 맛이다. 왜 옷을 자꾸 벗어 던지려 하는 것일까. 민망하기 그지없는 복장이 태반이다. 걸치고 있는 것을 벗어 던지므로 정신의 빈곤을 채우려는 것일까. 마음속의 무엇이 그들을 자꾸 벗어 던지게 하는 것일까. 매무새가 단정해야 정신도 단정한 것을, 벗어 던진 만큼 정신이 허하다는 것을 알면 함부로 벗어 던지지는 못할 텐데. 걱정되는 아가씨들을 피해 발걸음을 다른 곳으로 옮긴다.

이런 날 집에 돌아오면 나는 속옷을 몇 겹씩 끼어 입고 마음을 달랜다. 남들이 벗어 던진 옷을 대신 입으면서 마음의 안정을 찾고 싶어서다. 그리고 어린 손녀들에게 긴 옷을 찾아 입힌다. 어릴 적부터 옷차림이 단정하도록 교육시키면 커서 유행 따라 입기보다 자신을 단속하는 바른 매무새를 갖지 않을까 하는 생각에서다.

6.25 전쟁이 막 끝난 어릴 적 세수 그릇으로 놋대야나 옹기로 만든 질자배기를 많이 썼다. 놋대야는 크고 무겁고 자주 닦아내야 하는 번거로움이 있지만 질자배기는 놋대야보다 관리는 쉬우나 여간 조심히 다루지 않으면 안 된다. 공손해야 할 만큼 조심스레 다루지 않으면 깨지기가 쉽다. 세수를 깨끗이 잘 하기 위한 조심보다 세수 그릇이 깨지지 않게 고이 써야 하는 일에 더 신경을 곤두세워야 하므로 현명하지 못하다는 생각이 들었다.

시장 입구 그릇 가게에 하얀 양은 그릇들이 반짝반짝 빛나고 있었다. 하얗게 반짝거리는 가볍고 예쁜 양은 세숫대야로 세수를 하면 당장 미인이 될 것 같고 머리를 감고 발을 담그면 기분이 좋아 많이 행복할 것 같았다. 그런데 어머니는 항상 질그릇 쓰기를 고집하셔서 그 부분에 관한 불만이 컸다. 살림살이가 양은이나 편리한 다른 것으로 다 바뀌어도 우리의 세수 그릇은 바뀌지를 않는 것이다. 불만이 커지니 질자배기는 더 투박하고 무겁고 거칠고 못생겨 보여 없어지면 좋을 것 같다는 생각이 들었다. 그래서 어느 날 제일 어린 막내 동생에게 무리하게 많은 물을 담아 옮기게 하였다. 힘에 겨운 동생이 그것을 깨고야 말았다.

"야! 이제 깨끗하고 가볍고 마음대로 다루어도 우그러지기는 해도 깨지지 않을 양은 세숫대야를 쓰겠구나. 숙아! 고맙다." 하며 나는 달려가 어머니에게 "숙이가 세수 그릇을 깨뜨렸어요." 하고 말했지만 어머니는 아무 말씀도 안 하셨다.

'이제 새것을 사 주시겠지. 요즈음 질자배기에 세수하는 집이 있긴 하나.'

흥분하며 기대했다. 그러나 어머니의 시장 짐 속에 양은대야 대신 질자배기가 두 개나 들어 있었다.

이것이 웬일인가, 어머니가 밉고 싫기까지 했다. 뿐만 아니다. 깨어진 질그릇 조각을 보자기에 싸주시는 것이다. 전차 타고 마포 강에 가서 버리고 오라는 것이다. 동생을 잘못 가르쳐서 실수하게 한 언니의 책임이라는 것이다.

깨어진 그릇 조각은 더 조심하지 않으면 안 된다. 나 자신은 물론이려니와 남을 다치게 할 수도 있으니 말이다. 전차를 타고 가면서 다른 사람들이 잘못해서 다칠까봐 마음 졸인 일은 말도 못한다. 매사를 질그릇 다루듯 조심하고 신중함을 그리고 책임지는 사람의 기본적인 자세를 알게 하려는 교육이었음을, 어머님 안 계신 지금 그 뜻을 깊이 다시 새겨본다.

요즈음 젊은이들에게도 교훈이 될 수 있는 다루기 불편한 것을 쓰게 하여 스스로 교훈이 되게 하면 어떨까? 그리하여 몸매무새 방정한 정신이 바른 아가씨들의 얌전한 모습을 보며 살고 싶은 마음이다.

그대들 내 곁에 있어주오

타들어 갈 듯이 더운 여름날 아침 잠에서 깨어나지 못한 채 멀리 떠난 남동생이 가슴을 에이게 하더니, 몇 달 안 되어 건강하고 씩씩했던 바로 아래 제부가 설 제사에 드리는 정성이라고 목욕탕에 갔다가 탕 안에서 숨을 거두어 할 말을 잃게 하였다. 갑자기 건강에 문제가 생긴 사촌 오라버니를 뵙고 온 지 두 달이 채 안 되어 멀리 가셨다는 소식에 문상을 가려고 밖을 내다보니 주위에 꽃은 만발한데 두 여인이 마주잡고 서로의 눈물을 닦아주고 있었다.

"형님, 울지마세요."

"올케야. 너무 슬퍼마오."

지난 여름 떠난 남동생의 올케와 두 달 전 목욕탕에서 숨 거둔 여동생이 서로의 눈물을 닦아주며 위로하고 있었다. 반년 사이 사촌 오라버니의 올케까지 갑자기 미망인이 셋이나 되었다. 숨쉬는 것조차 가여운 그녀들을 보면 먹먹한 가슴속을 표현할 방법이 없다. 무슨 할 말이 있을까. 팔십을 향하여 질주하는 자신의 허허로움도 감당이 안 되어 허덕이는데 피를 나눈 형제들이 앞질러 가는 현실이 무정하다 못해 야속하기까지 하다.

'죽음이 무엇인가.' 물었더니 어느 성인께서 '삶도 모르는데 죽음을 어찌 알겠는가'라고 했다. 우리는 모두 삶을 값있게 살려고 열심히 공부하고 일하고 처절한 인내로 살아왔는데 예고 없는 죽음이 결론을 내린다.

끝이라고, 더 이상은 없다라고. 죽음을 이길 수는 없는가.

오랜만에 음악을 사랑하는 선배를 만났다. "내 맘의 강물", "고향의 노래"는 그 부부가 살아가는 목적처럼 하루도 빠지지 않고 들으면서 저녁상 반찬이 허술하면 노래를 부른다고 했다. 한 번 불러서 안 되는 때는 두 번 세 번씩 부르며 부실한 저녁 밥상을 노래로 마음을 채운다고 했다. 이 곡을 만드신 분을 만나는 기회가 있으면 식사 한 끼는 평생토록 대접하고 싶다고 했다. 그 분을 만나면 많이 행복할 것 같다는 말을 옆에서 듣고 있던 나는 그의 가족이란 말을 못했다. 부족한 내가 그 가족으로서 실망감을 주지 않으려고.

밥상 연주를 즐겨 하시며 평안을 찾던 바깥어른이 88세 미수에 엊그제 세상을 떠나셨다고 했다. 그래도 선배는 매일 그 분이 좋아하는 노래를 불러드린다고 했다.

죽음이 새로운 시작이라고도 하지만 만질 수도 볼 수도 없는, 선택의 여지없이 핑계를 달고오는 속수무책인 죽음은 사라져야 한다.

자기 전에 차분히 기도 드린다. 자다가 아예 영원히 잠들 수 있는 나이가 되었기 때문이다. 주위에 이미 여럿이 그렇게 갔다.

세상에서 제일 무서운 것은 외로움이라고 한다.

나는 무섭고 싶지 않다.

부탁하오. 그대들 부디 떠나지 말고 내 곁에 있어 주오.

가위 소리

자연이 인간에게 베푸는 무수한 혜택 중에서 인간 삶에 깊은 영향을 주는 것은 소리이다. 소리는 삶의 시작이고 소리가 멎으면 존재 가치를 잃게 된다. 적막한 어둠 속에서도 꽃잎이 열리는 소리가 있고, 풀꽃이 피는 소리, 난의 촉이 솟는 소리, 간혹 마른 잎이 떨어지는 소리도 있다. 대문 안으로 신문이 떨어지는 가늘고 둔탁한 소리는 새벽을 열며 하루를 시작하는 소리이다. 이른 새벽 성당 미사를 올리는 신부님의 기도 소리는 용기 있는 삶의 시작이다. 무더위 속 깊은 산골짜기에서 누군가 부르는 소프라노 맑은 노랫 소리는 바람을 싣고 와 더위를 물러나게 한다. 삶이 지속되는 소리이다.

어느 농장에 갔을 때 염소 소리가 들렸다. 처음 '음매 헤' 톤이 낮고 굵은 투박한 소리는 늙고 나이 든 소리가 아닐까 했더니 답하듯 들리는 '음매 헤' 소리는 아직 어린 소리라는 생각이 들어 축사를 들여다 보았다. 과연 덩치가 크고 흰 수염이 많아 오랜 세월을 보낸 듯한 늙은 염소 옆에 갓 태어난 어린 염소가 있었다. 염소는 태어난 지 30분이면 걷는다고 한다. 염소에게도 늙고 젊음이 있는 것이 새삼스러웠다. 염소의 소리는 웃는 걸까 우는 걸까. 사람들은 동물의 소리를 울음으로 결정지었다. 소가 '음매' 하고 운다고 하지 않는가. '음매' 웃었다고 하는 말 들어 본 적이 없으니 말이다.

이렇게 우리는 자연의 소리이든 기계 소리이든 듣고 싶지 않아도 온갖 소리 속에서 삶을 유지하고 있다는 생각이다. 소리가 안 들리는 것은 삶이 끝난 것일 것 같다.

주변 나뭇잎들이 사각사각 속삭이는 소리를 듣는 사이 아득히 먼 옛날 내 여고 시절의 소리 하나를 듣는다. '삭둑. 삭둑' 조심스레 머리카락을 손질하는 가위 소리를. 소설 읽기에 몰두해 닥치는 대로 책 대여점에서 빌려서라도 다독을 했다. 책을 읽을 때는 촉 밝은 전등을 켜고 촛불도 켰다. 밝고 환한 전등 불 외에 웬 촛불인가 걱정하는 어머니의 말씀도 무시한 채. 전등은 밝기는 하나 살아있지 않다. 느낌이 없다. 제 몸을 태워 빛을 내는 촛불은 살아있어 미세한 공기의 흐름에도 예민하게 흔들 줄 안다. 빛을 내는 동안 숨을 쉬고 몸이 줄어드는 아픔의 소리 같은 촛물은 주위를 환하게 밝히는 헌신의 눈물이라는 생각이었다. 촛불은 책에 집중할 수 있게 했고, 남을 위해 빛이 되리라는 희망을 갖게 했다.

발칙하게 방인건의 '벌레 먹은 장미'에 몰두되어 있던 중 촛불 앞에 졸다가 앞머리 부분을 많이 태웠다. 당시 엷단발 머리 귀밑 길이 1cm, 목에 흰 카라는 빳빳해서 추운 겨울 목 주위가 쓸려 아파도 풀 센 흰 카라에 오로지 자존심을 세우며 교칙을 지키던 때였다. 걸음걸이는 일직선으로 똑바로 하며 곧은 자세여야 했다. 몸 매무새가 자로 잰 듯 바르고 정숙한 여인의 본분을 향한 교칙은 매우 까다롭고 엄격했다. 몸 매무새가 바로 되어야 정신도 바른 법, 몸과 정신이 바르지 못하면 무엇이든 제대로 할 수 없다는 정신무장의 교육이 철저했다. 이 상황에서 촛불에 앞머리를 태운 머리 꼴은 볼상 사나운 것은 둘째이고 교칙에 어긋나는 머리 모양은 놀랄 일이 아닐 수 없다. 지금처럼 눈만 뜨면 미용실이 있던 시절도 아니고 가발은 상상도 안 되는 때여서 당황한 어머니는 행주치마 벗어 내 어깨에 두르고 긴장된 손 놀림으로 머리 카락을 만지셨다.

인간사 여러 갈래 길섶을 가만가만 더듬어 옷감을 자르듯, 어머니의 눈빛에 마음을 담은 가위소리는 멈춘 듯 이어지는 어머니의 숨결이었다. 미용기술도 없는 어머니의 서툴고 긴장된 손길 위의 소리가 있었다.

'자신만을 주장하는 것은 무지한 인간이 하는 짓, 나를 버리고 남과 함께 하는 것이 참다운 사람이 하는 일이다. 서로 다투고, 언짢아 하고, 네 잘못 내 잘못 따질 그럴 시간 없이 인생은 짧다. 모두를 사랑하는 길만이 사는 길이며, 사랑은 모든 것을 이긴다. 사랑할 시간은 지금 이 순간 뿐이다. 좋은 건 알아서 제 본분을 잊고 공연히 남의 흉내만 내다보면 이것도 저것도 아닌 얼치기 바보가 된다. 자기 분수도 모르고 남의 흉내내다 남들로부터 놀림 받는 황당한 일은 없어야 한다.' 라는 자식의 잘못을 감싸 주는 베일인 어머니의 마음의 소리이지 않았을까.

오래 전 사라진 고물장수 가위 소리가 나면 가위 소리 속에 어머니의 모습이 떠올라 소리나는 쪽으로 귀를 귀울였다. 머리 손질하는 미용사의 가위 소리 속에서도 어머니의 숨결과 만났다. 이제 좀 쉬면서 자신의 내면을 들여다 보라. 배우고 나니 내가 무식한 걸 알았다. 내 몸은 나의 마음에 맡기는 것이 무엇보다도 가장 확실하고 안전한 것임을 깨닫게 됐다. 남 때문에 사는 것은 이제 그만하고 얼마 안 남았지만 좀 남은 여생은 '나' 스스로를 위해 살지 않겠는가. 작으면 작은 대로 부족하면 부족한대로 살되 가장 확실한 것은 나 자신 속에서 나를 찾는 힘이다.

손톱 발톱이 젖혀지도록 수고하신 촛불 같은 어머니를 만나려고 오늘도 '삭둑삭둑' 가위 소리를 낸다. 가장 아름다운 말은 '우리'이고 가장 무서운 말은 '나'임을 명심하리라는 각오를 하면서…….

모기를 노려보는 여자

재수 없게도 2년 차 재수할 때 "박사 딸 만들어 호강하시려고 하오?" 고모의 압력에 어머니의 곤란을 면해 드리려고 했다. 선 보는 날 아침 콧등에 잔혹하게 물고 간 모기 자리. 얼굴의 중앙이 퉁퉁 부어오르니 모양새가 말이 아니다. 결혼을 남의 일로 여긴 터라 오히려 잘 되었다.

예쁜 얼굴에 미련 많은 남성이라면 포기하기 쉬울 터이니, 약속은 지켜야 하고 퉁퉁 부은 콧등으로 신랑감과 마주 앉았다.

"고향에 내려가 군 복무를 마치면 교사가 될 것입니다. 꼭 아내감을 정하려는 생각보다 누구든 만나고 싶었지요. 제 고모님께서 좋은 사람 인연 되면 좋을 듯 권하셨습니다."

고모의 등쌀에 조카들이 수난이다.

"이 자리에 나오기 어려웠겠어요. 콧등이 많이 부었네요."

결혼 성사를 위해 나오기 어려운 얼굴 모양새의 딱한 처지를 이해하는 배려가 보였다. 결혼 성사를 위한 일이라면 약속을 미루던지 다른 방법이 있었겠지만 결혼이라는 걸 전혀 생각지도 않은 입장을 상대도 알고 있는 듯했다. 고모는 재수, 삼수하다가

늙어버릴 조카 때문에 어머니를 압박해서였지만 나는 아예 거절당할 조건으로 이 위기를 넘기고 싶어 붓고 보기 민망한 모습이 잘된 일이라고 생각한 것이다.

"아가씨는 소원이 무엇입니까?"

"저는 그림 같이 앉아서 책 읽는 것이 소망입니다."

얼굴 안 나타내도 되는 외화 번역을 하려는 일에 집중하고 있을 때 음악회 장에서 다시 만난 그는 대뜸 "지금 대한민국 경제가 많이 어려운데 특별한 목적도 아닌 일에 시간 보내려 하느냐. 국가가 돈이 없는데 부부 중 한 사람만 공부해도 된다. 앞으로 많은 시간과 투자가 필요한데 그 길보다 결혼해서 자식 낳아 사람 하나 잘 되도록 키우는 것이 훨씬 국가를 위한 일이 아닌가." 라고 했다.

이런 애국자가 또 있을까.

결국 나도 애국자가 되고 말았다.

뒤에는 우거진 숲. 끝없이 너른 바다와 맞닿은 동네에 집이 있는 대학생 사촌 형을 따라 유치원생인 내 아이가 큰집에 갔다. 바라만 보아도 시원할 줄 알았는데 그곳도 덥기는 마찬가지였다. 모기가 눈꺼풀을 물어 찌그러지고 온 군데 모기 물린 자국으로 보기만 해도 근지러워진 모습에 가엾어서 참기 어려웠다.

"어쩌면 이렇게 많이 물리게 하셨어요."

형님께 항의를 했다.

미안하고 민망해서 어쩔줄 모르는 형님께서,

"바닷가 모기는 말모기라서 크고 붉기만 하면 불에 네인 듯 하다네. 이곳이 전국적으로 극성 모기의 집단지라 할 만큼 모기가 심하다네."

변명 같으신 위로의 말씀에 제 자식 생각만 하느라 형님의 마음을 불편하게 해 드렸다고 생각했다. 모기향을 피우고 모기장 단속에 신경을 썼건만 어린 살을 사정없이 물어 이리된 것을……. 그곳의 모기는 아무리 질 좋은 모기장이라도 뚫고 들어온다고 했다. 피하려는 사람을 공격하는 것에 대한 도덕적 경멸감이 솟구쳐 오르며, 내 아이가 인생을 살면서 인간적으로 옳지 않은 사람이 되지 않는 지혜를 키우도록 교육을 해야겠다는 생각을 했다. 그곳은 지금 숲을 다 밀어내고 바닷가를 향한 고급 아파트 단지의 광활함을 뽐내고 있다.

"부산 해운대"

극성 맞고 무자비한 바닷가 해운대 말모기 떼는 지금 다 어디로 갔을까. 모기에 물린 어린 조카 때문에 미안해 하던 형님은 이 세상 떠나 안 계신데 저승에서 모기떼들 만나 그때 왜 그랬느냐고 야단치고 계시지는 않으실까.

여름날 아침 일어나니 종아리가 가려웠다.

모기가 물고 간 자욱이 벌겋게 부어올라 화가 났다. 단속을 철저히 해도 어느 틈으로 들어왔는지 물파스 꺼내 물린 곳에 박박 문질렀더니 조금 후 더 가려움에 한 통을 다 썼다. 시원해야 할 다리가 시원하지 않고 하루를 지나니 종아리 전체가 부어올라 종아리 하나가 더 생겼다. 여름철 씻지도 못하고 향수 뿌려가며 피부과에 갔다. 의사 선생님은 웃지도 못하고 처방만 하시기에 "안됩니다. 주사를 주십시오. 아주 강력한 주사를 맞아야 할 것 같습니다." 강력한 주사는 모기에 대한 증오, 복수가 될 것 같았다.

일주일이 가도 가라 앉기는커녕 더 범위가 넓어져 쇠뭉치를 달아놓은 듯 무겁고 고통스러웠다. 더운 여름날 긴 스커트에 매일 병원을 다니는 일은 보통일이 아니다. 결국 종합병원 피부과로 옮겨 피부암 검사까지 했다. 다시 모기에게 화가 치밀며 약이 올랐다. 다음날로 병원도 약도 다 끊었다. 그러더니 한 달여만에 서서히 가라 앉았다.

내 베개 머리맡에 눈뜨면 보이는 곳에 두 마리 모기가 박제되어 붙어있다. 며칠 지났는데 떨어지지도 않고 붙어있다. 모기에게 본드성 물질이 있는 것인지 웬만하면 바닥으로 떨어져 없어졌을 것 같은데 그대로 있다. 매일 이것들을 관찰, 아니 노려본다. 저절로 떨어져 청소할 때라도 없어지기 전까지는 그냥 둘 생각이다. 저녁에 잘 때, 아침에 일어날 때, 그것이 그 자리에 붙어 있음을 확인하고 노려보면서 신기하게 붙어 있는 죽은 모기를 연구해 볼 생각까지 한다. 예전에는 "앵" 사전 대비를 시키던 모기였다. "앵" 소리 나면 소리 난 쪽을 살피며 안 물리려고 했는데 오늘날 어떤가. 시대가 발달하고 약아빠진 인간을 닮았는지 모기는 비겁하게도 소리 없이 물고 간다. 장롱 문짝에 붙어 있는 모기 두 마리. 언제 떨어져 없어질지 모르나 붙어 있는 한 살아 있는 모기들에게는 너도 이렇게 될 것이니 조심하라는 경고장 같은 것이고 내게는 모기 조심해서 물리지 않도록 하라는 경고다. 모기에게 물리면 가렵고 약 오르고 정신이 흩어져 하는 일에 방해가 된다. 작은 곤충에 물려 만물의 영장인 사람이 약 오르고 화가 치미는 것은 아까운 에너지 낭비일 것이다.

손녀 동은이가 언니와 엄마가 어학연수를 간다고 했을 때 함께 가지를 않았다. 외할머니께서 바로 옆동에 계셔서 자상하게 살펴 주시므로 마음이 놓이나, 사돈께 미안한 마음에 며칠만이라도 우리집에 와 있으면 사돈이 조금 쉴 수 있을 것 같아 상의하여 데려왔다. 무엇을 어떻게 해야 어린것의 마음이 좋을지 헤아릴 수 없으니 여간 고된 게 아니다. 어린 마음에 어미를 보고 싶은 마음이 간절할 텐데, 밤이면 같은 베개에 누워 특별 보호 한답시고 여러 가지 짓을 해 보는데 손녀는 할머니의 하는 양이 저를 위해 애를 쓴다는 것을 아는 듯했다.

'할머니 저 때문에 안 그러셔도 돼요.'

아직은 이런 표현까지는 할 줄 모르는 어린 것이 안쓰럽다.

손녀는 같은 베개에 누우면서

"엄마 보고 싶다."라고 한다.

떠나기 전에 함께 가자고 할 때는 싫다고 하더니 싫은 이유는 뻔하다.

"이것 해라, 그건 안 되지." 온갖 잔소리로부터 해방될 생각만 했지 보고 싶은 마음의 애절함은 생각이나 했을까.

"며칠만 참아요. 빨리 오라고 했으니."

할아버지는 어린 것 애통 태우지 말고 내일 당장 비행기표 끊어 어미 있는 곳에 데려다 주라고 호통이다.

무덥고 후덥지근한 여름밤 어린 것 어미 생각을 덜어 줄 수 있는 최대한의 노력으로 에어컨 켜고 선풍기 돌리고 살랑살랑 손으로 부채질하여 잠들었는가 했더니,

"할머니, 모기 걸어가는 소리 났어."

나도 못들은 모기의 "앵" 소리를 들었나 보다.

새벽 2시다. 모기는 새벽녘이 활동이 왕성한 시간이라더니 이 아이는 지금 자는 척 하는 것이지 잠들고 있지 않고 있었던 것인가.

어미로부터 떨어져 나온 어미 없는 어린 것들이 많다던데 어미 없는 자식들의 불행이 상상하기 어렵고 가엾다는 동정심이 극대화 되어 잠들기 어려운 밤이다. 친할머니 집은 나무가 있어 숲 냄새가 좋은데 모기 때문에 여름에는 잠을 안 자고 싶다고 했다.

모기, 모기에 물려 선 보러 가는 날 꼴 사나웠고, 내 아들이

어렸을 적 모기를 피해 전전긍긍하는 허약한 모습에 인생도 허약하게 살 것인가 고뇌하게 하였고, 손녀가 모기에 물려 이곳저곳이 벌겋게 되어 가려워하는 고통을 안쓰럽게 지켜보며 미안해하는 할미가 되게 했다.

개미가 힘을 합치면 절구통을 물어가고 모기도 모이면 천둥소리를 낸다고 한다. 살생하면 종자 복이 없어진다는 불가의 말씀을 생각하면 많은 종자 복을 잃었을 것 같다. 모기 굴에 옷 벗고 앉아 보시하는 스님도 계시는데, "용서하시오. 바퀴벌레와 모기만은 못 살리겠습니다."

빠른 바퀴벌레는 슬리퍼 벗어 내려 치거나 빠른 발로 꾹 밟습니다.

모기를 노려보며 허비한 많은 시간이 아깝다. 그 시간들을 양궁의 과녁이나 사격의 과녁을 노리며 집중했다면 아마도 양궁선수나 수준 높은 사격 선수가 되지 않았을까.

모기 보고 칼 빼기 한 아까운 시간을 후회하며 증오와 분노의 눈빛을 총동원하여 오늘도 모기를 노려본다.

여행기

소쇄원

꼿꼿한 선비의 기상과 사림의 정신은 자연 앞에 군림하지 않았다. 자연에 순응하여 자연을 최대한 끌어 들이고 건물을 배치하여 조성한 조선시대 대표적인 민간 별서 정원이다.

조선 중기에 양산보는 스승 조광조가 기묘사화 때 화순의 능주로 유배되어 사사되자 세속의 뜻을 버리고 고향인 창암촌에 멋진 정자들과 소쇄원을 조성하여 정치 · 학문 · 사상 등 호남 사림문화를 이끄는 인물들의 교류처 역할을 하게 하였다.

우리가 말하는 소쇄원은 내원으로 소쇄는 맑고 깨끗하다는 뜻이니 당시 양산보의 마음을 잘 표현하고 있다.

'비 개인 하늘의 상쾌한 달'이란 뜻의 제월당은 주인이 거처하면서 학문에 몰두하던 공간이다. 문을 반만 열면 창문이 되고 문을 모두 열면 큰 문이요 닫으면 벽이 되는 한옥의 아름다운 변화, 한옥건물의 가변성 건축미를 대표한다.

제월당 현판은 우암 송시열이 썼다.

'비 개인 뒤 해가 뜨며 부는 청량한 바람'이란 뜻의 팔작지붕 광풍각은 손님을 위한 사랑방이며 사색과 명상의 공간이다. 온

돌의 따스함과 마루의 시원함을 느끼게 하는 이곳은 계곡을 흐르는 물소리와 울창한 숲이 조화를 이룬다.

〈대봉대〉

초가정인 대봉대는 봉황을 기다린다는 뜻인데 귀한 손님을 처음으로 맞이하던 곳이다. 양산보의 꿈꾸는 염원이 담겨있다. 거꾸로 읽어도 뜻이 같다.

〈매양단〉

담장에는 하서 김인후의 '소쇄 사십팔영'이 걸려있다고 한다.

〈매대〉

두 개의 단을 두고 매화를 심었으며 문패격인 '소쇄 양공지려(소쇄원 주인인 양산보의 조촐한집)'라는 뜻의 현판이 걸려있다.

소쇄원에 대한 최초의 기사는 1528년 '소쇄즉사'에 있으며 이후 가사 문학의 대표인 송강 정철은 '자신이 태어난 해 1536년에 소쇄원이 조성되었다.'라는 시를 남겼다. 이후 하서 김인후는 1548년 '소쇄 사십팔영'을 지었다.

소쇄원의 아름다움 48가지를 노래한 시들을 새긴 48영 목판은 지금은 제월당 천장에 액자로 걸려 있다. 내원으로 들어가는 동쪽 담에 자연을 감상할 수 있는 사색 공간인 '애양단'에 더 보

태어 계시하였으며 제봉 고경명은 1574년 '유서 석록'에서 소쇄원에 대해 자세한 설명을 하였다. 1755년 소쇄원을 그린 목판인 '소쇄원도'가 남아있어 당시의 모습을 알게 하였다.

세월의 풍상으로 속살만 남은 제월당 아름드리 서까래 기둥은 군데군데 무늬처럼 박힌 옹이마저도 맨들맨들 비단결같이 보드랍고 맑아 마치 은빛 수염달린 신선이 웃음짓고 서 있는 듯하다. 지조와 절개를 지켜 세속에 물들지 않으려 했던 꼿꼿한 선비의 정신, 천년의 숨결이 배인 기둥을 힘껏 부둥켜 안아 보았다.

무엇이던 하면 될 줄 알았던 부질없는 풋내기 시절과 오산 투성이의 시행착오로 범벅이던 시절, 이따금씩 만났던 기쁨은 순간이었고, 이제 비정한 젊음이 버리고 간 처진 어깨는 굽었고, 시름만이 남은 시간은 끝이 없는 듯하여 마음은 바람에 휘날리는 갈대와 같다.

세속의 벼슬이나 당파싸움에 합류하지 않고 자연에 귀의하여 유유자적한 생활을 즐기려고 선조들이 3대에 걸쳐 만들고 그 후손들의 노력에 의해 오늘에 이른 정원에 염치없이 서 있다.

지금 이렇게 살고 있지만 이 몸을 얼마나 유지하고 살아갈 수 있을까 생각해 보면 어디쯤에서 무엇을 하고 있는 건지. 넘치는 물질문명의 늪에 빠져 허우적거리며 끝없는 세속의 욕망에 허기를 채우지 못해 안달하기 바쁜 건 아닌지…….

맑고 깨끗한 정신을 대나무처럼 꼿꼿이 세우고 지키면 안 될 일이 없을 텐데…….

천불 천탑의 소원

개울가에는 불상의 일부였을 큼직한 돌덩이들이 뒹굴고 있다. 숲길따라 걷는 양갈래길 바위에 비스듬히 등을 기대고 있는 크고 작은 돌부처들은 두 손을 가슴에 모으고 있다.

무엇을 염원하고 있는 걸까. 어떤 부처는 손가락 길이 만하다. 밤사이 천개의 불상과 탑을 쌓느라 숨 쉴 사이 없이 바빴을 석공들의 손놀림에 크기가 일정하지 않은 돌부처들의 몸은 온전하지 못하다.

오랜 세월동안 얼마나 힘들고 고단했을까? 곧 넘어질듯 밑둥의 일부가 떨어졌거나, 오랜 풍상에 못 견디었는지 콧등은 날아가고 코 허리의 흔적만 남은 채 무심히 서있다.

이렇게 전남 화순 땅 골짜기에 천 개의 불상과 천 개의 탑이 있으니, 도선국사가 국운이 일본으로 빠져 나가는 걸 막기 위해 천상의 석공들을 불러 하루 밤 동안 새벽 닭이 울기 전까지 천 개의 불상과 천 개의 탑을 쌓기로 했단다.

하루 밤 안에 천불 천탑을 쌓느라 지친 석공 하나가 꾀가 나서 일부러 새벽닭 울음소리를 내니 마지막 불상 2기가 미처 일어나지 못했다고 한다.

한편 고려 때 일본을 치려던 여몽 연합군이 화순에 머물며 불상을 조성했다는 말도 있다. 이것이 천불 천탑 내력의 전부이다.

언젠가 일어날 날만을 기다리며 허공을 응시하는 부처가 누워있다. 왜 · 거기 · 그곳에 거대한 부처가 누워 있는지는 아무도 모른다. 정유왜란때 일본군이 철두철미하게 파괴하여 천불천탑은 많이 없어졌다. 지금은 석불 구십일 기와 석탑 이십일 기만 남아 있을 뿐이다.

끝내 일어나지 못한 부처들은 산 속에 숨어있다.

어떤 사람은 그 부처들이 북극성을 바라보고 있다고 한다.

오스카 와일드가 노래한 적이 있다.

"우리 모두 시궁창에 있지.

하지만 그 중 누구는 별을 보고 있지."

우리는 어디에서 무엇을 보고 있는가.

북극성을 바라보는 와불을 만나 볼 수 있는 절, 운주사이다.

와불을 만나러 가는 오솔길 산등성이 소나무 그늘에 앉아 쉬면서 와불은 언제 일어날 것인가를 생각한다.

오르고 또 올라도 솔숲만 있었다. 무엇이 급한가. 솔숲 그늘 사이로 쉬엄쉬엄, 올라온 길 뒤돌아보면 저 멀리 북두칠성 모양으로 놓여있는 칠성바위도 보인다.

길 따라 가면서 다 온 듯하기도 한데 더 가야하나, 다리 좀 쉬고 갈 생각으로 둘러보니 좁다란 산길 숲 사이에 웬 편편한 돌 바닥인가, 주저앉아 한 숨 돌리니 솔잎 냄새와 함께 한 바람이 신선하다. 여기가 바로 무릉도원 아닌가. 올려다 보니 산은 더 없고 소나무 밭이 평평하고 너르다.

"쯧쯧" 함께한 동행이 민망해 한다. 깜짝 놀라 일어나니 와불 머리위다. 꼬불 꼬불 솔숲 오솔길 따라 올라온 거기에 와불 두 기가 나란히 하늘을 바라보며 누워 있는 것이다.

불의와 타협하며 세상의 큰 목소리에 이끌려 살아가는 내 세울 것 없는 중생이 뻣뻣이 서서 누워있는 부처를 내려다 보고 있는 것이 매우 송구스럽다.

부처를 번쩍 들어 일으키고 싶은 충동이 일어났다. 쥐뿔도 아닌 중생에 의해 일어날 부처라면 오래전에 일어났겠지. 가당치 않은 생각에 실소한다.

이 부처께서 일어나면 지난 날을 내려놓고, 자신을 내 세우지 않으며, 나 아닌 다른 사람들에게 소중한 사랑을 알게 하는 세상으로 바뀔 것 같은데…….

부처들은 언제쯤에나 일어날 것인가를 화두로 당분간 가슴앓이를 해야 할 것 같다.

작은 모래 알갱이에 미끄러지며 소나무를 잡고 내려온다.

개울 중간 조그만 다리 건너에 쓰러질 것 같은 초라한 움막 문짝에 빨갛고 커다란 글씨의 막걸리, 도토리묵, 파전이라고 씌어진 집이 있다.

와불을 일으켜 세울 고민을 하려면 막걸리 한잔은 어떨까.

포크레인을 동원해서라도 부처를 일으켜 세워 세상을 바꿔보고 싶은 생각이 간절하다.

그동안 시간이 많이 흘러 오늘 다시 와보니 소나무들은 베어져 없어지고 나무계단이 와불 턱 밑까지 놓여있다. 숲속에 수줍게 숨어있던 와불은 땡볕에 노출되어 있었다. 혹여 그 동안 반쯤 아니 반의 반쯤이라도 일어나 있을까 했던 기대감은 사라지고 멍한 가슴만 시리다.

석유냄새에 절은 수 없는 뭇 발길에 채이고 있는 듯 하여 가슴이 졸인다. 누구의 발상이었을까. 와불의 턱 밑까지 나무계단 깔아놓는 일을……. 조심 조심 올라와 생각을 가다듬고 마주해야 할 것 같은 마음이 편치 못하다.

나무계단을 원망하며 도망치듯이 단숨에 내려오니 움막집 막걸리 글자가 눈 앞에 들어온다. 반 모금 먹었다가 사흘동안 트림을 이겨내야 했던 기억이 새롭다.

저마다 제가 훌륭하다고 말하지만 누가 날아가는 까마귀의 암수를 알겠는가. 한 때의 뼈 깎는 고통도 잠깐의 행복도 다 그게 그것인 것을, 빠르고 편한 문명의 이기로 대중을 위한 나무계단이라면 다른 방법은 없었을까.

와불 주변에서는 새 소리도 안 들리고 풀잎 소리도 안 들리며 자연의 소리가 멈춰버린 안타까움만 가득한 느낌이다.

저 아래 원형 다층 석탑은 어찌보면 커다란 빈대떡을 올려 얹어 놓은 듯, 아니면 대형 피자를 쌓아 놓은 듯 하다고 했다. 참으로 정서가 메마른 발언이다. 장엄한 역사앞에 먹거리를 떠올리는 현대의 인심이 야속하기만 하다.

베어진 소나무들은 다 어디로 갔을까.

청산도 가는 길

완도행 여객선 터미널에는 많은 사람들이 정신없게 북적인다. 배를 타고 가는 동안 혼잡할 것이 예상된다.

짙은 남도 사투리의 여인네들의 한결같은 의상이 눈에 띈다. 색상만 조금씩 다를 뿐 거의 같은 스타일의 등산복 차림이다. 스포츠웨어의 아웃도어 패션이다. 어찌보면 단체복 같다.

그러나 단체는 아니다. 동아리 동아리 모인 사람들이다. 아무 곳에서나 입기 편리한 질감과 디자인에 개성없는 단체복 같다.

스포츠 웨어와 어울리지 않는 세련된 화장은 건강해 보이고 활기차다. 배는 크기도 하다. 의자로 된 서구식 방과 온돌방이 있다. 서구식으로 된 의자에는 사람들이 별로 없다. 썰렁해서 빈 방같다.

그러면 조금전 그 많은 사람들은 다 어디로 간 건가? 운동장 같이 넓은 하나의 방에 콩나물처럼 빼곡히 모여 있다.

바닥이 온돌방 같이 따뜻하다 흔들리는 배안의 요동을 덜 받으려는지 모두 누워있다. 워낙 많은 사람들이 북적이니 등을 새우처럼 구부리고 누운 자세이다. 조금만 틈이 있으면 비집고 들어간다. 서로 몸이 닿아도, 또 건드려도 짜증내지 않고 나와 남의 구별이 없다. 모두들 그러려니 한다. 빽빽이 누운 틈을 비집고 앉으면 그게 내 자리이다. 못 견디어 피해나가면 자리가 넓어져 그게 내 자리이다. 조금 있다 다른 사람이 비집고 들어오면 또 오그린다. 불편하다고 불평하며 옆 눈으로 흘겨보며 째려보고 노려보지 않는다.

"그러려니"의 의미를 피부로 실감했다.

많은 사람들 중에 남정네가 한 사람도 안 보인다. 일부러 둘러보아도 배에 종사하거나 몇 안 되는 관계자들만 남정네다. 남자들은 다 어디로 간 것일까. 배를 운행하는 사람조차도 혹 여인네가 아닐까? 하는 의구심이 든다. 이 많은 여인들은 다 어디서 와서 모여있는 것인가.

선실문이 조금만 열렸다 하면 쏜살같이 거센 바람이 쳐들어온다. 바람은 질색인데…….

제주도 모슬포 바람에 질린 탓에 제주도 가고 싶은 마음을 억제한다. 추사 김정희가 제주도 모슬포는 바람 때문에 사람 살 곳이 못된다 하여 모슬포가 되었다고 한다. 어느 지인은 제주에 살다가 바람 때문에 부산으로 이사를 했다고 한다.

한 술 더떠 청산도 바람은 가히 살인적이다. 머리카락을 휘날리어 폭탄 맞은 듯 쑥세미가 되었고 몸뚱이는 거센 바람이 흔들어 쓰러질 것 같다. 귀속, 입속 열린 곳으로 파고드는 흙바람에 견딜 수 없다. 약올리고 정신 빼는 바람 때문에 혈압이 정상이 아니다.

바람아 제발 멈추어 다오.

청산도

청산도는 노란 유채꽃과 초록 보리밭이 한 폭의 그림이 되는 한 번은 꼭 와보고 싶었던 섬이다.

유채꽃은 져서 일부만 군데군데 노란히 남았고 청보리와 마늘 푸른잎들이 온통 녹색의 향연이다. 파란 바다, 푸른 산, 구들장 논, 상서마을 돌 담장, 슬로길 100리 등 느림의 풍경들이 가득하다. 느림을 통해 삶의 쉼표를 그려본다.

청산도 마을 주민들이 이 마을 저 마을 다니는 길인데 아름다운 풍경에 저절로 발걸음이 느려진다하여 슬로길이라 이름 붙여졌다. 바쁘다고 빠른 걸음으로 지나치지 않고 잠시 발걸음을 늦추고 자연이 베푸는 무수한 혜택에 감사하는 자신을 만나면 어떨지.

세계 슬로시티 실사 당시 슬로시티 연맹본부 관계자들이 청산도 해녀들은 독특한 문화재라고 감탄했다고 한다.

청산도의 당리, 서편제에서 진도 아리랑을 부르며 돌담길을 내려오는 인상적인 곳이다. 언덕위의 하얀 집 봄의 왈츠 촬영 건물과 서편제 주막집, 상서마을 돌담길을 잊을 수 없다.

돌담에 쌓여진 돌 하나하나가 웃고 있는 형상이다. 규격에 맞추어 획일적으로 쌓여진 것이 아니기에 그런 느낌인가. 웃고 있는 돌들에게서 깊은 정을 느끼고 따스함에 감동 받는 것은 무슨 일인가. 돌담 쌓는 손길들이 살아 숨쉬고 있는 듯하다.

바람아, 너는 알고 있니? 돌담의 미소 속에 따스함을…….

초분은 일종의 풀 무덤으로 섬지역에서 행해지던 장례문화이다. 시신을 땅에 바로 묻지않고 관을 땅에 올려 놓은 뒤 짚, 풀등으로 엮은 이엉을 덮어 두었다가 2-3년 후 뼈를 골라 땅에 묻는 무덤이다. 몇 군데 이엉 엮은 무더기를 보았는데 그 속에 시신이 있는 걸 알았다면 놀라 기겁하지 않았을까. 농사에 쓸려고 모아둔 거름집인가 했다.

점심 상에 청산도 해물탕과 톳나물 밥. 해산물이 주재료인 먹거리 반찬들은 도시인의 입맛을 사로 잡을 만하다.

점심 후 해남으로 이동, 두륜산 케이블카에 탑승하여 멀리 다도해를 관망한다. 아직 어린 잎새 사이로 부는 바람을 맞으며 봄을 반기고 봄을 이해하며 봄이 있음에 감사하고 녹색 짙은 여름을 기대한다.

땅끝너머 다도해와 제주도 한라산이 한눈에 보인다는 두륜산 고계봉을 잇는 두륜산 케이블카는 봄에는 야생화로, 여름에는 우거진 녹음, 가을에는 단풍으로, 겨울에는 설경을 즐기기에 더없이 좋은 곳을 보게 한다.

하느님은 꼼꼼도 하시다. 사시사철 빈틈없는 신비스런 자연을 만나게 하셨으니 엄지 손가락을 백만번쯤 세우며 자랑하고 싶다.

케이블카를 내려 문명의 이기 나무계단을 수없이 걸어 올라가야하는 여정. 케이블카를 타고 올라왔다가 힘들다고 케이블카를 타고 내려올 수 없는 일말의 양심은 하늘과 가장 가까울 수

있는 두륜산 고계봉을 올라가며 자연에서 우러나오는 소리를 듣는다.

자연이 베푸는 무수한 혜택을 받으면서 얼마나 감사했는가. 내 근심만 해도 복잡한데 남의 걱정까지 하며 늙지는 않았나. 돌아보면 제대로 살지 못해 부끄럽기만 하다.

죽을 때 온통 방안을 헤매고 눈을 부릅뜨고 이를 부득부득 갈면서 죽을 것인가, 똥을 싸서 온 집안 식구들을 괴롭히는 그런 마지막을 가져서는 안 되는 사람이 되고 싶은 소망만 가득하다.

자연에서 왔으니 이제 자연으로 돌아가야 할 시간이 가까워 오고 있음을 알 시간이다. 이 세상 마지막 날 순수하고 아름답게 자연으로 돌아가고 싶다.

목포

목포의 세 가지 상징은 삼학도, 유달산, 가요 '목포의 눈물'이다.

삼학도는 유달산 바로 아래 내려다 보이는 섬이다.

예전에 시끌법석 떠들썩했다는 항구, 수많은 술집들, 뿌연 먼지 날리며 하역 작업에 바빴던 사람들의 모습은 이제는 볼 수 없다. 그런데 지금 삼학도가 옛 모습을 찾아 물길을 뚫었다고 한다. 섬들 사이로 만든 물길따라 카누를 탈 줄 예상치 못했던 일이다.

레크레이션 요트. 모터 보트 등의 선박을 위한 편의제공시설. 위락시설, 녹지공간 등을 포함한 항만시설 마리나가 바다쪽으로 생겼다. 이곳에서 보트를 타면 목포를 한 바퀴 돌게 되는 새로운 관광길이 생긴 것이다.

가요 '목포의 눈물'은 1934년 조선일보가 공모한 향토노래 당선작 가사이다.

"사공의 뱃노래…… 이별의 눈물인가 목포의 설움……. "

지나간 시대 많은 사람들의 심금을 울린 노래이다. 이 노래를 부른 가수 이난영의 공원이 대 삼학도 중턱에 있다. 유달산에는 노래비가 있다. 1969년 목포 사람들이 세웠다. 목포 앞바다는 이순신 장군의 성지이기도 하다.

유달산 아래 다도해가 시작되는 기점 고하도는 역사의 섬이다. 서남해에 점점이 뿌려진 섬들이 다도해의 여러 섬이다. 삼면이 바다인 우리나라는 섬이 3,358개가 있다. 이중 2,876(86%)개는 무인도라고 한다. 어느 무인도에서 나만의 세계를 꾸며 보고 싶다.

서해와 남해의 중간에서 꺾어지는 목포 앞바다 위 육지 쪽 섬이 고하도이다. 이 섬과 새로 연결한 목포대교 밑을 지나면 고하도를 한 바퀴 돌게 된다.

“서북풍을 막을 만하고 배를 감추기에 적합하다.”

1597년 충무공 이순신은 10여 척으로 일본 수군을 크게 멸하고 해전사에 빛나는 명량해전 직후 이곳에서 바닥난 전력을 재정비했다. 108일 동안 머물며 군사와 군량미를 다시 확보했다. 이듬해 퇴각하는 왜군들을 끝까지 섬멸하려는 의지는 다도해 사람들이 힘을 보태는 배경이 있었기에 가능했다. 지금도 해마다 이 충무공을 기리고 있다.

이 섬에 유달산이 보이는 쪽으로 충무공을 기리는 모충각이 있었다. 군량미가 많은 것처럼 보이기 위해 쌓았다는 전설이 있는 유달산 노적봉을 마주하고 있다. 지금도 고하도 앞쪽에는 군

함들이 정박하고 있었다.

영산강 하구에서 목포 앞바다를 따라 길게 뻗어 자연스럽게 내륙과 서해를 연결하는 고하도는 일제가 미국산 목화를 처음 들여와 경작 가능성을 시험했던 곳이기도 하다. 재배에 성공한 목화는 급속도로 퍼졌다.

"삼 백"

쌀 · 목화 · 소금 세 가지 하얀 물건의 교역항이 바로 목포항이었다. 일제 강점기 수탈 현장이라는 아픈 과거를 안고 있는 항구이다. 이런 내력으로 이난영은 "목포는 항구다." 라는 가요도 불렀다.

유달산에 오르면 사방이 탁 트인다. 발아래 펼쳐진 격자가로(바둑판 모양의 도로)지대는 일본인들의 거리였다. 그곳에는 일본의 침탈과 지배를 증거하는 영사관과 동양척식건물 등 일본인들을 이주시키기 위한 건축물들이 즐비하다.

땅이 부족한 목포의 평지를 일본인들이 무력으로 차지하면서 목포사람들은 산으로 삶의 터전을 옮겨야 했다.

비탈을 따라 줄지은 가옥들과 사찰, 선비들이 시회를 열었다는 문학의 집은 물론 독립운동 기념비도 이 산에 있다. 조선시대 제주도와 서해 앞바다의 작은 섬은 선비들의 유배지였다. 이들 섬으로 가는 방법은 목포에서 배를 타야만 했다.

문예에 능한 선비들이 배를 기다리는 동안 시화로 애달픈 심정을 달랬다. 그들이 하나 둘 모여들면서 조선의 선비들이 지은 문학의 집이 목포 시사다. 이곳에서 중앙 문인들은 지방 문인들과 시로 화답하며 후진 양성에 힘썼다. 지금은 그때 문인들이 남긴 한시를 담은 액자들이 한옥과 함께 자리를 지키고 있다.

동양척식 건물은 역사 박물관으로 일본절(동봉원사)은 문화센터로 바뀌었다. 일본인이 지은 가옥에 일본식 정원을 이어받아 가꾼 이훈동 정원은 진귀한 문화재와 정원을 무료로 관람하게 한다.

* * * * * * * * * * * * * * * * * * * *

담양에서의 점심 식사는 인상적이다. 신선한 육질의 한우를 잘게 다져 항아리 뚜껑에 지져낸 떡갈비와 죽순을 넣어 향이 좋은 죽순밥이다. 남도 특유의 명이나물과 묵은 김치로 입맛을 돌리니 건강한 점심상이다.

화순 운주사를 다녀온 저녁은 영암호가 펼쳐지는 목포의 녹차말이 굴비 밥상이다.

오월 이맘때 쯤이면 어머니는 알이 꽉 찬 큰 조기를 항아리에 담고 왕소금을 듬뿍 질러 굴비를 담궜다. 얼마 후 그것들을 큰 대소쿠리에 널어 말리는 정성은 많은 수고를 하게 하였다. 황석어라는 작은 조기는 젓을 담아 두 달 후면 양념을 해서 물 말은 밥과 함께 먹었던 기억이 있다.

가을에는 황석어젓에 담근 김장김치, 여름 장마에는 굴비, 그것들은 굽지도 않았다. 바짝마른 굴비를 찢어 고추장에 찍어 먹는 맛은 지금 생각하면 최고의 웰빙 음식인 듯하다. 그것이 좋은 거라는 것을 왜 지금에야 알게 된 걸까.

창밖에 바다가 주황색 저녁 노을에 비치어 아름답다. 잔물결이 일렁이는 바다 위 한가운데 차려진 밥상인 듯하다. 예전에 자연으로 공들여 말린 것같이 쫀득하지 않다. 상업화하려면 공들일 시간이 없을 것 같다. 굴비 밥상이니 굴비를 위시하여 도시에서는 맛볼 수 없는 해물 반찬들의 먹거리에 모두 감동이다. 모처럼 굴비 밥상을 받으며, 잠시 만날 수 없는 어머니를 떠올려 본다.

목포에서 먹거리 하면 목포의 삼합을 빼 놓을 수 없다.

삶은 돼지고기에 잘 삭은 홍어를 묵은김치에 싸서 먹어보지 않으면 목포에 왔다가는 의미가 없다는 말이 있을 법하다. 삭은 홍어의 쏘는 맛과 냄새는 웬만큼 익숙지 않은 입맛이 아니면 감당하기 어렵다. 전에 볼 일 있어 목포에 온 적이 있었다. 목포에 사는 선생님께서 목포에 오셔서 삼합과 막걸리를 안 드시면 내일 아침 한 쪽 눈이 찌그러진다면서 늦은 밤, 그것들을 가지고 오셨다. 얼마 후 모텔 주인이 전화를 했다.

" 그방 손님께서 삼합드셨어요."

울상이다. "삼합 냄새가 일주일은 가니 그 방은 일주일 이상 다른 손님은 들일 수가 없습니다."

곰곰이 생각해 보니 그 주인의 코는 가히 명 코가 아닌가.

9층에서 먹은 홍어냄새를 어떻게 알았을까? 지금도 궁금하다.

동창 여행의 한 단면

어느 때 동창 모임에 갔었을 때다.

대절한 버스에 공유짐을 내리려고 하니 모두들 저만큼 몰려가서 이야기에 정신이 없다. 운전 기사분과 동창 몇몇이서는 안되겠고 여럿이 움직여야 할 일이기에 기사분께 부탁드렸다.

"저기 가셔서 애들 좀 오라고 해 주세요."

한참을 어디서 헤맸는지,

"사모님, 근처에 애들은 하나도 없구요 아줌마들만 계셔요."라고 했다.

그렇지 우리에게나 친구니까 애들이지 기사 양반께는 친구가 아니니 말이다. 지금도 그 생각을 하면 절로 소리없는 웃음이 나온다.

짐 가방 가벼이 하려고 줄이고 또 줄여도 가방은 터질 것 같다. 만찬장이라고 해도 짐 줄이기 바쁜데 별다른 의상이 부담되어 여벌 옷으로 대신하려 했다. 멀리 미국에서 온 친구 의상이 제대로이다. 이브닝드레스 파티복이다.

먼저 왔다간 친구들 속임수에 넘어간 것이다. 한국 친구들 모두 화려한 파티복이니 너도 준비 잘 해오라기에 하와이 간 길에 신경써서 사입고 오니 혼자만 정장을 한 셈이다.

거북 등짝같은 작은 배낭 하나만 달랑 메고 왔기에 꼭 필요한 속옷만 넣어 왔는 줄 알았더니 찬란한 구슬이 박힌 연예인 구두와 찰랑대는 야한 원피스는 조그만 배낭속에서 어떻게 나왔는지 못 말리는 광경이다.

목포를 떠나는 날 아침 호텔 뷔페식당.

"잘 잤니?"

"아니."

"왜, 아팠니?"

"응."

"어디가?"

"가슴이 "

"왜? 심장이 나쁘니?"

"집에 두고 온 남편이 보고 싶어서."

"우리는 지금 누구의 부인도 아니고 아무개 엄마도 아닌 순수하게 나 자신을 찾아 이곳에 온 거야. 속세를 떠난 순간이야, 그렇지 않아도 조금 있으면 세속으로 돌아가야 하는데 그 새를 못참아 분위기 깰 꺼야?"

옆에서 "너! 한 방 맞을래?"

"세속도 속세도 다 좋은데 영원히 떠난 가족을 못 만나는 이별의 아픔을 어쩔건데."

진흙탕 같은 세상이라도 함께 할 사람 있으면 그게 행복인데, 행복한 자는 행복을 모르는 법이거든, 싱글들 들으면 약 오르니 조심하셔."

지나가는 순간의 여담이지만 싱글된 친구의 속마음은 얼마나 허전하고 외로울까. 위로해 줄 방법이 없다.

70년 동안을 하고 또 하고도 무슨 할 말들이 그리 많을까.

쉴새 없는 말들은 점점 커져서 가이드의 설명을 알아들을 수가 없다.

"잘 듣고 돌아가서 좋은 여행 이야기 손자들에게 말해줘야 하지 않겠니?"

"뭐, 머리 쥐나게 신경써서 들을 필요없어. 해 줘도 안 들어, 인터넷 뒤지거나 궁금하면 직접 와서 보고 확인하라고 하면 돼."

핵가족 시대이기에 가족이면서 오피스텔로, 기숙사로, 각자의 아파트로 향한다.

오랜만에 만나 할머니의 여행 이야기를 들을 여유도 없다.

가족의 해체는 서로의 마음을 나누지도 못하고 한 마음으로 합쳐지기는 더욱 어렵고 의사소통도 어렵다. 옛 유목인들은 가족들과 함께 먹거리와 잠잘 자리를 찾아 떠돌았다면 지금은 각자의 일에 열중하고 자신의 일에 충실하기 위해 각자 떠도는 신유목민 시대에 이른 것이 아닌가.

초당

다산은 조선 후기 실학 사상가로서 사회악을 분석하고 개혁안을 제시한 학자로 공이 크다. 평등사상에 입각한 토지 분배와 능력에 따른 직업배치 등을 주장했으며 18년간 정치적 귀양살이를 하는 동안 정치구조 개혁, 부의 공정분배 등에 관한 수 많은 책을 저술했다는 업적이 유네스코 홈페이지에 올랐다.

귤동 마을로 들어서 10분 정도 산속 오솔길을 걷다보면 92개의 돌 계단을 오르게 된다. 길에게 묻는다.

당쟁에 휘말리어 유배길에 오르며 그는 무슨 생각을 하며 이 길을 걸었겠느냐고. 후손들을 가르치기 위해 천여 권의 장서를 갖춰 놓은 가문의 도서관 같은 곳이다. 윤단의 손자 6명을 포함한 초당 18제자를 교육하던 곳이기도 하다.

유배길 나주 율정점에서 눈물로 헤어졌던 정약전 형을 끝내 한 번도 만나보지 못한 채 유명을 달리한 소식을 듣게 된 곳이기도 하다.

이곳에서 다산은 '대한민국 학보 제 1호'인 목민심서를 비롯한 600여권의 저술을 완성하였다.

다산은 목민심서에서 "백성은 흙으로 밭을 삼는데 관리들은 백성으로 밭을 삼아서 살을 긁어내는 것으로 농사를 삼고 백성의 재물을 가렴주구하는 것으로 추수를 한다."라고 지방관리의 탐학을 신랄하게 비판하기도 하여 당시 이 책은 금서가 되었다.

요즘의 위정자들을 어떤가. 입만 열면 국민을 위한다는 그들의 말에서 전혀 진심을 느낄 수가 없다. 당대의 조정으로부터 철저히 단죄 받았던 대역 죄인이 민족의 큰 스승으로 영원히 부활한 곳이 바로 다산 초당이다.

초당이라면서 '기와집' 하고 의아하겠지만 1957년 강진 다산 유족보존회에서 허물어진 초가 대신 정면 3칸,측면 1칸의 기와로 복원하여 오늘에 이르고 있다.

뿌리길

사의재에서 초당 올라가는 길

살아 움직이듯 제멋대로 뒤틀린 고목, 거칠게 앙상한 뿌리가 드러난 나무 숲길을 올라가게 된다.

남을 위해 자신을 낮추는 법을 알게 하려는가. 성공만 쫓아 가식적으로 사는 삶보다 나누고 섬기며 감사와 기쁨으로 사는 삶이 더 가치가 있는 것을 알게 하려는가. 뿌리가 마치 계단처럼 가로질러 뿌리를 밟지 않고는 한 걸음도 오르지 못한다. 몸을 싸고 있던 흙을 밟히는 발길에 내어주고도 모자라 뿌리에 붙은 껍질, 이제는 속살도 다 내어준다. 이 뿌리를 길이라고 무심히 밟고 올라가기가 송구하다.

수 없는 발길에 닳고 닳아 실처럼 가느다래져 곧 끊어질 듯하다. 뿌리사이 흙은 이미 오래 전 흘러 패어져 공중에 떠있다. 흙만 골라 디디는 발길은 초당에 올라가 다산의 제자 냄새라도 맡을까 하지만 감히 다산의 제자는 꿈도 못꾼다.

그러나 실학의 의미 반토막이라도 뜻깊게 알고 싶은 욕심으로 거친 숨 내닫는다.

천년의 신비가 살아 숨쉬는 길, 평안과 안식을 안겨주고 생각이 저절로 날개를 달아줄 것 같은 뿌리길을 오늘도 잊지 못한다.

사의재

극심하게 당파싸움을 일삼던 조정이 천주교 박해사건 신유사옥으로 피비린내 나는 정적 제거를 할 때, 다산 일가는 천주교도로 몰려 일찍이 들어보지 못한 수난의 희생물이 되어 한꺼번에 몰살당했다.

1801년 제주도로 가는 조선시대의 고속도로 삼남대로 갈래, 남도 유배길인 나주 율정점에서 눈물로 헤어진 둘째형 정약전을 생각하며 이곳저곳을 전전하다가 다산은 강진에 도착하였다.

동문 밖 주막집 주인 할머니의 배려로 주막집 뒷골방에 유배 봇짐을 풀고 거처로 삼아 사의재라고 하였다.

생각을 맑게 하되 더욱 맑게
말을 적게 하되 더욱 적게
용모는 단정히 하되 더욱 단정히
행동은 신중히 하되 더욱 신중히

이 '네 가지를 올바로 행하는 사람이 거처하는 집' 이란 뜻의

사의재는 자신을 바로 하도록 경계하여 스스로를 단속하는 다짐이었다.

한양 조정의 권신세력의 잔혹함과 견딜 수 없는 기구함과 절망으로 차라리 죽을까 하는 생각까지 하던 때,

"어찌 그냥 헛되이 사시려 하는가. 제자라도 기르셔야 하지 않겠는가?"

주막집 할머니의 말에 스스로 편찬한 '아학편'을 교재로 교육하였으니 최초의 학당이 창설된 셈이다.

최초의 제자 황상을 시작으로 윤단의 손자 6명을 포함 초당 18제자를 교육하여 조선 실학의 대가를 낳게 하였다.

사의재는 조선 개혁 정신의 상징이자 실학의 정점이던 고독한 선각자가 유배생활을 시작한 슬픈 곳이지만 다산 실학의 성지이며, 다산의 손때와 눈물과 회한과 꿈이 숨쉬던 역사적 공간이기도 하다.

주막집 할머니의 공을 기리고자 사의재와 동문 안쪽 우물가 주막 집터를 2007년에 원형 그대로 복원하였다. 당시 주막을 재현하여 현대판 주모와 현대판 파전, 동동주 등 토속적인 음식으로 주막을 운영하고 있다.

선유도

수년 전 선유도에 간 일이 있었다.

배를 타고 바다를 가르며 건넜다.

해변가 어촌에 띄엄띄엄 있는 집들은 파도와 해풍에 못 견뎌 낡았고 일부는 떨어져 나간 부분도 있었다.

몇 안 되는 식당이나 민박집이 겨우 마을을 유지하고 있었다. 바다 건너 몇십 분 거리에 큰 도시 군산이 있으니 이곳이 상업화된 화려한 섬으로 변신하기는 어려울 것 같다.

우선 자동차가 없으니 기름 냄새에서 해방되었다.

섬 안에 차도가 없었고 자전거와 배가 교통수단이다.

바다를 내려다 보는 섬 둘레길은 안정되고 평화롭다.

많은 자전거들이 섬 둘레를 오르내리는 풍경이 이채롭다. 한 대의 자전거에 부부 또는 짝지은 젊은이들이 함께 타고 섬 둘레를 달리는 모습은 생기가 넘친다. 나이든 부부의 자전거는 젊은 날의 추억을 그대로 되살아나게 하기에 충분하다.

한 민박집에 머물렀다.

외양으로 쓰러질 듯 초라한 섬집 안방이 대단히 화려하고 요사스럽다. 지나친 치장이 어색하고 천박하여 상관없이 불편하다. 잠시 육지를 떠나 바다건너로 도망쳐 온 마음이 도시 한복판으로 내몰린 듯하다.

안주인은 빨갛게 물들인 긴 머리, 빨간 입술, 하늘거리는 최첨단 유행 패션에 어촌에서는 필수인 긴 고무장화를 신고 있었다. 무리하게 다듬은 울룩불룩 매끄럽지 못한 몸매가 매우 어색하다. 위생상 눈꼽 끼고 때가 낀 손톱은 안 된다 하여도, 그래도 수더분하고 어수룩한 모습의 사람을 기대한 것이 잘못인가. 진한 색상의 매니큐어 칠한 긴 손톱의 손은 외양과 달리 생선 다루는 솜씨가 능숙하다. 생선회 속에 혹 칼질에 잘린 손톱이 있을까 조심스럽다. 도시의 도망자는 입맛을 놓치고 말았다.

푸른 바다와 한없이 널려있는 새까만 돌, 돌의 모양과 크기가 일정하다. 거기에 서산 넘어가는 태양빛이 조화롭게 펼쳐지는 바다위의 햇살은 감동이다.

하느님은 머리도 좋으시다. 하얀사람, 누런사람만 있어도 넘치는데 까만사람까지 만드시더니 자연에서도 이렇게 새까만 돌을 만드셨을까. 신의 조화에 감동할 뿐이다. 인간의 힘으로는 상상도 할 수 없는 일들이다.

뒤에는 까만 눈동자같은 몽돌들의 눈물을 씻기우듯 찰랑대는 해변을 끼고, 앞에는 맑고 파란 물, 깊고 넓고 낮은 바다를 보며 자신을 침묵하기에 억울한 듯 소주잔을 기울이는 빨간 머리카락의 안주인, 아직 나이 삼십 초반의 고기잡이 선장 남편이 눈

앞 바다 건너에 딴 살림을 두었단다.

두 자녀도 학업상 바다를 건넜다고 한다.

천리도 아닌 지척에 있는 그를 이제나 저제나 기다리는 여인의 심정이 가슴아리게 한다.

용서와 사랑으로 잘 살아보라고 놓아주면 안 될까…….

새만금 방조제(선유도)

전북 군산에서 선유도를 거쳐 변산 반도까지 이어지는 33km에 달하는 세계 최장의 방조제, 한국뿐 아니라 동북아를 대표하는 명품도시를 개발하는 꿈을 꾸고 있다.

군산을 출발 서울을 향하는 2박 3일의 동창 여정은 짧기만 하고 지치지도 않아, 아직 열흘 이상 즐길 수 있는 힘은 숨소리조차 신바람인 듯하다.

고희라고 하기에 아깝고 멋지다. 이렇게 넘치는 에너지의 근원이 무엇일까? 연륜이 가져온 정신적인 안정과 여유일 것이다.

학창시절 뽐내던 S라인은 세월이란 비수가 냉혹하게 도려간 듯 흔적도 없고 절구통같이 뭉툭하다. 허리라고도 할 수 없는 몸뚱이에 직선으로 내려붙은 엉덩이, 퍼질 대로 퍼져 단단히 굳은 엉덩이다. 다쳐서 깨지는 일 없이 잘 보존하여 다음에 또 만날 수 있기를 기대해 본다.

압구정 출발지가 가까워 오나보다.

닭튀김 냄새와 빵굽는 기름 냄새가 봄길에서 얻은 청량감과 즐거움을 여지없이 뭉개고 도시의 힘든 숨을 몰아쉬게 한다.

여행의 안전 운행을 위해 노심초사 최선을 다하여 수고하신 친절한 운전기사님 고맙습니다.

박식한 내용으로 온갖 정성을 다하여 곳곳을 설명하며 지루하지 않게 하려고 노력한 내 여고시절 중3 남동생 같았던 젊은 가이드님!

"장가는 갔수?"

아름다운 섬 백령도

꽃향기에 젖어 살포시 실눈 뜨고, 피고 지는 꽃들의 예쁜 모습에, 정신을 빼앗기는 봄인가 했더니, 모든 것이 빽빽히 들어차서 숨쉬기조차 답답했던 여름이 갔다. 어딘가 한 자리 빈 듯 허전함을 주는 가을 하늘은 맑고 높았다. 물길 따라 뱃길 따라 미끄러지듯 백령도를 향해 떠가는 '하모니 플라워호'의 가벼운 움직임은 거대한 요람인 듯하다.

선창 밖 저 멀리 하늘과 끝닿은 수평선의 미소는 짧지만, 아름다웠던 지난날의 추억을 되살리게 하고 갈매기 친구되어 날아간다.

옛날 황해도에 살던 선비와 사또의 딸이 사랑하게 되었는데 마음에 들지 않는 선비와 딸의 사랑이 계속되니 사또는 딸을 멀리 보냈다.

애를 태우던 선비의 꿈에 백학이 그녀가 있는 곳을 알려주었다. 훗날 사람들이 "백학이 알려주었다" 하여 '백학도'라 부르다가 오늘날 흰 백과 날개 령을 써서 백령도라 한단다.

해가 가장 늦게 지는 서해 최북단 백령도는 마음대로 오갈 수 없는 섬으로 북한의 해안을 오른편에 두고 황해도 웅진 반도를 지나 소청도, 대청도를 거쳐서 섬에 닿는다.

인구 총 오천여 명, 그 중 남자가 삼천여 명이다. 국가 군사지역으로 군인이 많기 때문에 남녀대비가 매우 불균형하다. 곳곳에 호를 파고 북쪽을 향하여 긴장된 눈동자 돌리는 군인들만 가득하고, 군인들 임무에 방해될까 민간인 출입이 제한되어 웬만해서는 갈 수 없는 곳으로 알고 있는 서해 최북단 백령도는 비경에 놀라고 절경에 반하는 곳이라고 한다. 지금까지 군사지역으로만 알고 있었던 것과 다른 인식에 조금은 놀란다. 메밀하면 강원도라 여겼는데 섬의 평지는 모두 메밀밭이다. 이곳 사곶의 냉면 맛은 어느 곳에 비할 수 없다고 한다.

섬은 육지에서 만나기 어려운 색다른 세월의 흔적과 특별한 역사와 문화를 지니고 있다. 섬 주변은 신들의 박람회가 열린 듯 다양한 기암괴석들이 감탄을 자아내게 했다. 효녀 심청이 몸을 던졌다는 물살 거센 인당수와 몽금포타령의 장산곶 근처라도 오게 될 줄은 생각지도 못했다. 뱃길 20m 사이에 갈라진 남북대립이라는 초라한 우리의 현재를 깨닫게 하려는가. 바다 곳곳에서 만날 수 있는 천혜의 작품들을 우리만 볼 것인가. 휴전선 넘어 불어오는 바람은 알고 있을 것 같다.

손끝에 닿을 듯 그어져 있는 북방 한계선만 걷어낸다면…….

민족의 비극을 뼈저리게 실감케 하는 곳, 통일을 염원하는 가슴은 먹먹하기만 하다. 짧지만 긴 여운을 남기는 나만의 시간과 추억을 가슴에 담는다.

전 세계에서 단 두 곳(이태리 나폴리)뿐인 규조토 해변, 비행기의 이 · 착륙이 가능한 천연 비행장인 사곶 해변을 맨발로 걷는 발의 촉감은 비단 위를 스치는 듯하다. 보석을 뿌려 놓은 듯 콩알 같은 작은 돌로 이루어진 콩돌 해변은 자갈 파도 소리를 들을 수 있고, 피부염에 특효가 있다는 자갈 찜질을 할 수 있어 다른 해수욕장과는 다르다. 콩돌을 밟으며 자연에 감사함으로 마음을 채우지 못한 욕심은 콩돌들을 얼마나 퍼갔는지 돌의 양이 삼분의 일도 남아있지 못하다고 한다. 돌 한 개라도 가져가다 발각되면 벌금이 오천만원이라고 마이크 잡고 외치는 다리 저는 장애인 경비원의 호소는 엄포일까. 콩돌은 콩돌이 있는 곳에서 가치가 있고 제 몫을 하는 것이지 다른 곳에 있으면 한낱 돌일 뿐일 텐데. 다리 힘 딸리고 상체가 무거운 중년은 엉금엉금 기다시피 해야 나올 수 있었다. 콩돌밭은 밟으면 발목까지 쑤욱 빠진다.

잠이 오지 않는 밤이면 해변의 콩돌을 그리워한다.

콩돌로 베개를 만들어 누우면, 밀려오는 물결에 '쏴아' 모였다가 '싸르르' 펴지는 자갈 파도 소리를 들을 수 있을 것 같은데…….

메밀 베개 베고 누워도 자갈 파도 소리를 들을 수 있는 귀를 갖고 싶다.

서해의 해금강이라 불릴 정도로 웅장미가 아름답고 기암괴석들이 펼쳐져 마치 장군들이 머리를 맞대고 회의를 하는 것 같다고 해서 붙여진 두무진 바위. 장산곶의 닭우는 소리가 들린다는 두무진은 백령도에서 가장 가까운 해변이다. 광해군이 '늙은 신의 마지막 작품'이라고 극찬한 바위 선대암, 코끼리가 물마시고 있는 모습이라는 코끼리 바위. 비슷한 모양의 두 바위가 껴안고 있는 모습의 형제바위. 바위가 하늘을 향해 나선처럼 꼬여 오르는 형상이 용이 하늘로 승천하는 듯한 모습의 용트림 바위는 물이 들면 물속에 잠길 듯하다.

1896년 우리나라에서 두 번째로 세워진 장로교회에는 한국 기독교 100년사를 한눈에 볼 수 있는 기독교 역사관이 있다.

교회 앞에 연화리 무궁화는 생긴 모양이 기품 있고 높이가 6.3m로 현재 알려진 무궁화 중 가장 크며 꽃이 순수 재래종의 원형을 보존하고 있어 교회 역사만큼 가지마다 고풍스런 멋을 한껏 자랑하고 있다.

신실한 신자들의 절규 같은 기도를 많이 받았을 중화동 교회도 있었다. 이곳을 떠나 그립고 안타까운 별이 된 얼굴들을 만나러 간다.

천안함 46 용사탑 아래 동판으로 새겨진 용사들의 얼굴 하나하나에 눈 맞추어 인사하며, 당신들이 있었기에 오늘 하루도 편히 살고 있음에 감사드린다고 명복을 빌었다.

- 아들이 입대한 8년 동안 생일상 한 번 차려 주지 못한 신선준 상사 아버지의 한 맺힌 눈물.
- 천안함에서 내리면 올리기로 했던 결혼식을 끝내 못 이룬 강준 상사의 얼굴.
- 고3때 교통사고로 부모 잃고 고아가 된 동생들에게는 부모

가 되었고, 결혼 7년 만에 어렵게 얻은 아들이 있는 김종헌 상사.

- 형한테 관심 받고 싶어 철없이 덤비고 까불던 동생이 마지막으로 한 말, "형, 이제는 보내줄께, 잘 가." 제주도 사나이 차균석 중사는 동생에게는 늘 커다란 나무였다.
- 피격사건 5분 전 초등학생 딸에게 전화를 했다.
  생의 마지막 전화였는데……. 미처 전화를 받지 못한 문규석 원사 가족의 마음을 어찌 헤아릴 수가 있을까.
- 십 년 전 혼인신고만 한 아내와 곧 결혼식을 올릴 계획이었는데 끝내 가버린 박경수 상사.
- 휴가 나오면 항상 정복을 입고 동네인사를 다니는 해군에 대한 자부심이 강했던 김동진 중사.
- 동료의 딸이 아프다는 소식에 대신 천안함에 타고 동료를 구하려다가 산화한 이창기 준위의 얼굴

(조선일보 기사에서 발췌한 것임).

우리는 이 분들 이외에 천안함 사건과 연평도 포격으로 희생된 장병들과 눈물로 이별을 했다. 그 눈물은 더 이상 슬픔의 눈물이 아닌 분노의 눈물이었고, 다음에는 절대로 이 같은 일이 없게 하겠다는 다짐의 눈물이었다. 천안함과 연평도는 우리에게 자유는 거저 주어지는 것이 아니라는 사실을 잊지 않게 하려는 경고이다. 용사들이여, 편히 잠드소서. 당신들을 영원히 기억하

겠습니다. 그들은 높은 곳에서 빛나는 별이 되어, 죽어서도 조국을 지킬 것을 다짐하고 있을 것이다.

어느 젊은이가 해외 이민가려고 비행기에 탑승한 순간 전쟁이 났다고 하면, 비행기를 타지 않고 돌아와 전쟁터에 나갈 것이라고 했다.

전쟁이 제일 무섭다고 불안한 마음이 가득했을 때, 그 젊은이의 말이 진심일까 의심했다. 이름도 모를 한국 전쟁에 참전하여 희생이 된 수많은 외국 군인들이 왜 그랬을까도 생각한 적이 있었다. 하나가 되어 평화를 지키기 위해서이다.

전쟁이 나면 내가 할 수 있는 일을 찾아야 한다고 생각한다. 국가가 어려움에 처해 있을 때, 용기 있게 나서 싸우며 목숨 바친 분들이 있기에 오늘날의 대한민국이 존재하지만, 우리는 그 분들에 대한 고마움을 잊고 살아간다. 나라를 지키고 나라를 발전시키기 위한 비결은 하나가 되는 것이다. 이런 진리 앞에 굳건한 결심을 하는 것은 대한민국을 지키다 전사한 천안함 46용사를 비롯한 모든 희생자들에게 갖출 수 있는 최소한의 예의일 것이다.

772함으로도 불리는 천안함이 북방 한계선을 넘어온 북한군 잠수 함정의 어뢰 공격을 받아 침몰됐다.

천안함 폭침 사건이 정치적으로 변질될까 노심초사한 유족들은 2010년 이후 큰 목소리를 내지 않았다. 선거철이면 “명예를 회복시켜 주겠다.”는 정치인들도 있었지만 단호히 거절했고 유족들이 원하는 건 나라의 부름을 받고 입대했던 아들들의 희생을 국가와 국민이 잊지 않고 기억해 주는 그것 하나 뿐이며, 오로지 아들들의 명예를 지키기 위해 침묵을 지킨 것이 잘한 일이라고 생각되어지면 좋겠다고 했다. (천안함 유가족 회장 이성우의 인터뷰 내용).

피격 사건의 진실을 알고 고귀한 희생정신을 기리며, 귓등으로 흘리던 안보의식을 피부로 직접 느끼면서, 그 중요성을 확고히 일깨우는 기회를 갖게 된 것은 늦게나마라도 천만 다행한 일이다. 거기에 주변 경관을 관광하게 된 것은 대단한 호사이다.

비바람 불어도 언제나 변함없이 조용히 바다를 지키며, 세상의 더러움과 상처를 씻어가는 어머니의 품 같은 바다를 껴안고 전쟁없는 평화를 기다리는 섬. 많은 별들이 차지한 하늘은 끝끝내 하나인데, 그렇지 못한 우리네 삶도 평화로이 안아주는 섬. 오늘도 내 마음은 한 마리 개미가 되어 커다란 나뭇잎 배를 타고 그 곳으로 향한다.

파도소리로 노래하는 바다가 있고, 바람이 산새소리로 노래하는 언제나 아름다운 섬.

백령도여! 안녕히.

소록도

차별과 격리의 땅, 전라남도 고흥군 녹동리 소록도, 바다건너 사람에게 손 내밀면 마주 잡을 수 있을 만큼 가까운 거리에 있는 작은 사슴처럼 생긴 섬이다. 녹동항과 5분 뱃길의 섬의 거리는 가까워도 갈 수 없었던 곳이다. 육지 사람들과 섬사람들 가슴에는 태평양 바다 건너보다 더 멀고도 긴 거리이다.

공기청정기로 정화시킨 듯 맑고 정갈한 숲내음, 흙과 나무, 날으는 새들도 모두 씻어놓은 듯 청정하다. 바다는 말없이 고요히 물비늘을 덮고 누워있다. 바다는 어디가 아픈가.

빚어 놓은 듯 조각같이 잘 생긴 청년의 얼굴이 몹시 창백하다. 창백한 낯빛은 푸른 기를 더해 파리하다. 파리한 낯빛이 가슴속을 찌른다. 팔팔하게 기운 넘쳐야 할 이 청년은 어디가 아픈가. 지하철 안에서 만난 한 젊은이의 얼굴이 푸른 바다위로 언듯 떠 오른다.

마음 한 구석을 찌르던 청년의 낯빛이 바다 물빛으로 겉아진다. 아픈 역사의 한이 서린 물빛. 강제 노역으로 병세는 악화되고 가혹한 매질, 핍박과 탄압, 끊임없는 구타를 참지못해 뛰어든 바다. 바다는 그들을 품느라 힘겨워 퍼렇게 멍이 들었다. 병든 얼굴 빛으로 다가오는 물결이 허허롭다.

일제때부터 독립행정 구역처럼 운영되어 온 가까이 있어도 갈 수 없었던 곳. 차별과 격리의 "작은 사슴의 땅"에는 일제 때부터 내려온 삶의 흔적이 고스란히 남아있다. 감금실, 검시실 등 수많은 건물들은 2004년 문화재에 등록되어 아픈 역사를 지키고 있다. 섬의 입구 한쪽 허름한 구석에 아주 오래된 화장실이 있었다. 타일은 군데군데 떨어져 나갔고 수도꼭지는 낡고 녹이 슬어 시커멓다. 떨어져 엎어진 문짝은 삭아 건드리면 가루가 될 것 같은 곳이었다.

바로 앞에는 폭이 좁고 길이가 긴 나무계단이 있다. 계단은 땅 밑으로 가기 위한 통로인 듯 한 번에 수십 명이 오르내리도록 되어있어 얼른 보기에 계단 위는 길뿐인 땅속에서 무슨 일이 있었겠는지 상상이 된다. 잔악한 채찍질과 이유없는 구타와 고문이 행해지던 그래서 고통의 눈물이 모여 바다가 되었을…….

양쪽으로 뚫린 작은 두 문짝에는 당시의 공포감을 대변하듯 크고 무거운 자물통이 무섭게 채워져 있다. 자물통을 뽑아 재끼면 수많은 아픔과 슬픔과 설움이 한꺼번에 쏟아져 나올 듯하다.

하여, 그것을 아무도 감당할 수 없어 오늘도 채워진 자물통만이 비밀을 안은 채 무겁게 매달려 있는 게 아닐까.

백년은 가까이 되었을 을씨년스러운 그곳을 나오니 씻은 듯 맑은 흙길이 시작되는 곳에 '탄식의 장(수탄장)' 안내판이 서

있다. 바람이 북쪽에서 불면 남쪽에 서고 남쪽에서 바람이 불면 북쪽에 서서 바라보기만했다. 2m쯤 떨어진 길 철망 사이로 한쪽은 자식, 길 건너 철망에는 부모가 한 달에 한 번 길 양쪽으로 마주서서 만지지도 안아보지도 못 하던 부모와 자식간의 만남의 장소이다. 뱃속 깊숙한 곳으로부터 올라오는 마음의 탄식. 손 놓고 우는 것 밖에는 방법이 없는 애통의 시간은 병을 옮긴다는 이유로 바람만 앞세우고 만나야 하는 바람따라 살아온 인생. 부모가 병 다 나으면 "다시 오마, 꼭 나으면 다시 오마." 외친 맹세를 수없이 되뇌이건만 그 맹세 지킨 이 뉘였었을까.

한센병은 1871년 노르웨이 의사 한센이 나결절 조직에서 세균이 모여 있는것을 발견해 붙여진 이름인데 구약시대부터 있던 병으로, 피부와 신경의 손상으로 얼굴이 일그러지고 피부와 뼈에서 진물이 나며 썩는 보기 흉한 무서운 문둥병이다.

1916년 조선 총독부가 한센병을 치료할 목적으로 자혜의원을 세우더니 1917년에는 73인의 한센인을 격리시키기 시작하여 한센인이 국가의 위상을 깎는다는 생각에 많은 한센인을 수용하기 위해 강제 이주시켜 아름답고 평화롭던 섬은 수용소처럼 변했다.

육지와 떨어져 있으되 섬에 물자를 쉽게 나를 수 있고, 기후가 연중 온화하며 식수가 많은 곳. 그리하여 한꺼번에 많은 인원을 격리시킬 수 있는 장소. 이곳이 바로 소록도인 것이다.

3년만에 병을 낫게 해주고 먹을 것을 주고 편안하게 생활할 수 있는 문둥이들의 낙원을 약속하며, 꿈을 안고 소록도로 향하게 했다. 한센병 환자들이 "나병, 문둥병"이라는 손가락질을 받으며 소록도로 가는 길은 설움의 길이었다. 벌교 역에서 내렸지만 버스도 태워주지 않는 길 50km를 걸어야 했다.

한센인들에게 그 길은 수난의 길이다. 문둥이라고 밥도 안 팔고 신체 접촉을 피하기 위해 잔돈을 줄 때 위에서 떨어뜨려 한센인이 받아가게 했다.

집은 일본식으로 지어진 낮은 건물이었고 생활은 철저히 통제되었다. 일본식으로 살 것을 강요 받으며 1933년부터는 더 많은 한센인을 수용하기 위한 강제 노역이 시작되었다. 1937년 중일 전쟁이 일어나자 진물나고 뭉그러진 한센인들은 하루 수만 장의 벽돌을 구워야 했다. 격리된 수용소의 노역은 천만 번 울고 울어도 못 삭히는 설움으로 살점이 뭉글어지는 노동의 형장이었다.

1941년부터는 전쟁 물자로 연간 30만 장의 가마니를 생산했다. 1942년, 병을 고칠 수 있고 먹을 것을 주며 편하게 살 수 있는 낙원이라는 기만에 속아 도로와 선착장을 만드는 등 일본 전쟁준비에 동원된 가혹한 노동을 이기지 못한 한센인 하나가 끝내 식칼로 일본인 수용소장을 살해하였다.

이렇게 사건이 일어나니 더욱 심한 보복이 가해지는 비극이

날이 갈수록 심했다. 한센인 84명이 집단으로 학살당하는 소록도의 비극은 꼬리에 꼬리를 물고 더했다.

일본 제국은 식민지 조선 백성의 안녕과 평화를 위해, 그리고 너희 문둥이들의 낙원을 만들려는 노력을 한다는 말로, 한센인들의 끝없는 희생을 강요하는 고통을 주었다. 낙원은커녕 인간 존재의 이유를 의심하게 하는 그들의 행위는 그때 고생했던 대부분의 많은 사람들을 죽게 했다. 심장 연구를 위해 심장에서 피를 뽑았고 그렇게 생체 실험을 당한 사람들은 일찍 죽었다.

오늘은 마침 주일이라 성당의 종소리는 은은한데, 오래된 담장이 넝쿨은 지난일을 지켜보았어도 또 알고 있어도 말없이, 차마 입을 열지못해 푸른 잎으로 모든 흉한 모습들을 감싸 안은 듯 넝쿨만 무성하다. 백년 가까이 되어 지붕은 비바람에 삭아 없어진 지 오래인 듯하고 네 벽은 말짱히 서서 지난날을 말없이 설명하고 있는 듯하다.

한센병은 천형이라 하여 진단 받을 때 한 번 죽고, 죽고 나면 검시대에서 해부당해 두 번 죽는다. 한센인들은 삶이 끝나면 반드시 해부를 하였다. 남은 시신이 화장당해 세 번 죽는다 했다.

탈출을 하거나 꼬투리 잡혀 끌려가면 그것으로 끝이 난다는 감금실. 1935년 "조선 나예병령"이 선포되어 육천 명 이상이 소록도에 수용되어 있었다.

한센인에 대한 탄압과 핍박은 끊임없었다. 이유없이 감금실에 끌려가 구타당하고 단종되었다. 무수한 한센인들이 이곳에서 사망하거나 불구가 되었고 감금실에서 나오게 되면 예외없이 정관수술을 받았다. 1935년 당시 만들어진 감금실에는 일제시대 소록도 병원장이 강제 노역을 거부하거나 통제에 따르지 않는 이들을 두 달씩 가두어 놓았다. 감금실 벽에 정호승 시인의 글귀가 가슴을 때린다.

"팔없는 팔로 너를 껴안고 발없는 발로 너에게로 간다."

정말 슬프다. 이렇게 슬픈 일이…….

당시 해부당하는 생체 실험실의 검시실과 해부실에는 낙태된 수정란부터 완전한 모습의 아기까지 포르말린이 담긴 병에 넣어 전시되었다.

정관실이나 검시실에는 당시 행해졌을 일이 상상되는 기구들이 지금도 견고하게 보존되어 있다. 정관실 벽에 써 붙은 19세 어느 청년의 절규가 가슴을 도려낸다. 희망과 청춘을 잘라버리는 수술을 받아야 하는 자신의 한맺힌 심정을 표현한 글귀가……. 차가운 수술대 위에 좌절을 표현한 〈단종대〉라는 시가 있다.

그 옛날 나의 사춘기에 꿈꾸던
사랑의 꿈은 깨어지고
여기 나의 25세의 젊음을
파멸해 가는 수술대 위에 내 청춘을 통곡하며 누워 있노라.
장래 손자를 보겠다던 어머니의 모습이 내 수술대 위에 가

물거린다.

정관을 차단하는 차가운 메스가. 내 국부에 닿을 때.

강제 수용의 근거가 됐던 "조선 나예방령"은 1963년 폐지되었지만 정관 수술은 1992년까지 계속되었다.

어찌 내 인생이 떠도는 구름이 되었는가.

-한하운(1920-1975).

본명은 태영, 함경남도 함주에서 지주의 아들로 태어나 1936년 17세 나이에 한센병 진단을 받았다. 중국 베이징 대학 농학원을 졸업하고 귀국해서 도청에 근무하며 힘찬 미래를 시작하던 25세 나이에 다시 병이 악화되어 직장도 그만두고 숨어들었다. 이때 이름을 하운이라 바꿨다. 1946년 함흥학생 사건에 연루되어 반동분자로 투옥되었다가 이듬해 월남했다. 구걸하며 연명하다 〈전라도길〉, 〈소록도 가는 길〉을 발표하면서 불우의 시인, 천형을 짊어지고 살았던 삶과 세월을 보냈다. "인간의 세계 인환의 거리." "방랑의 기산하(많은 산과들)"는 그의 고향 함경남도 함주에서 남쪽 끝 섬 소록도까지. 공원 한쪽에 "피 - ㄹ 닐리리." 〈보리피리〉 시가 새겨져 있다. 혈서처럼 영혼의 신음소리를 시로 쓴 한하운, 걸망지고 염천 천리길을 가는 한센인의 처절한 심정으로 산하를 죄인처럼 한 평생 떠돌다 갔다.

"소록도 가는 길은 가도 가도 황톳길.

낯선 친구 만나면 우리들 문둥이 끼리 반갑다. 숨막히는 더위 속으로 쩔름거리며 가는 길. 버드나무 밑에 지까다비를 벗으면 발가락이 또 한 개 없다. 앞으로 남은 두 개의 발가락이 잘릴 때까지 가도가도 천리 먼 길, 전라도길……."

개구리 울음은 천둥소리 같고 숨막히는 길에 사라지는 육신의 일부들, 산다는 것은 자신이 갖고 있는 것을 하나씩 잃는다는 것이다. 더 잃을 게 없을 때 육체라는 무거운 짐을 벗고 세상을 떠난다. 그게 해탈이고 우화등선이다. 그래서 생각하기를 몸이 편안해지려면 세상을 떠나야 하는 게 아닌가 한다.

나락처럼 캄캄한 환자들의 삶의 연민과 애정을 보낸 시, 정호승 시인은 〈소록도에서 온 편지〉에서 "팔 없는 팔로 너를 껴안고 발 없는 발로 너에게로 간다." 용혜원 시인은 〈소록도〉 시에서 "아픔이란 말조차 말할 수 없는 아픔이 있는 곳 소리쳐 울어줄 개조차 없었다." 고 했다.

1959년 한센인 자치회 문집 성하(星河)에 실린 처절한 한을 뿜어낸 시다.

천벌이라면 가혹하오
인위라면 가증스럽소
누가 만든 죄 이길래 사할 길 없어
눈물이 자욱자욱 맺어진 선을 두고
몇 천번 울고 울어도 지울 수 없어
조상도 없는 이방인이 되어.
아리랑에 실린 시에는
소외된 영혼의 나라
남해에 뜬 작은 사슴 섬
세월에 뿌려진
역사의 내상(內傷)은
푸른 파고에 부서지고
한과 원의 붉은 사연은
하얀 거품으로
백사장을 때린다.
무간 지옥에 선녀같은 밝은 달이
사랑의 빛을 뿌린다.

1960-1970년대 소록도 병원장 조창원 님께서는 환자들의 운명을 한 겁(劫) 무간지옥에 비유했고 한 겁 내내 고통을 받는다고 했다.

차별과 차가운 시선의 섬에 1962년 오스트리아의 20대 후반의 수녀 마리안과 마가렛트가 젊음을 바쳐 소록도에 정착했다. 한센인이 낳은 아기들을 보육원을 세워 부모와 별도로 분리시켜 부모대신 먹이고 옷 기워 입히며 정성껏 키워 6세까지 아무 증상이 없으면 육지의 보육원으로 보내지는 수고를 하는 것이다. 약과 분유를, 먹일 것이 없으면 본국 오스트리아, 독일, 스위스 등지에서 구해오며 손발이 닳도록 수고하신 사랑의 실천자 두 수녀님의 이름과 감사문이 공원 한 켠에서 빛나고 있었다. 이제 나이 70세에 이르러 "나이가 들어 제대로 일할 수 없다. 부담을 주기 전에 떠나겠다."는 짧은 글 한 장을 남기고 홀연히 오스트리아 고국으로 떠났다. 그 앞에서 감히 "나는 무엇인가." 생각해 본다.

중앙공원 안에 "한센병은 낫는다." 라는 커다란 돌비문 구라탑은 한센인들에게 얼마나 위로가 되고 희망이 되었을까. 지금은 의학과 약품의 발달로 한센인 그 숫자는 더 불어나지 않고, 또 완치되었지만 나이가 많아 삶이 마무리되기까지 있어야 할 분들이 남아있다.

소록도에 버려진 그 아이

어느 황혼녘 소록도에 일흔이 넘은 노인이 찾아와 "이 섬에 살게 해주실 수 없습니까?" 하고 절박하게 요청했습니다. 그 노인은 나환자가 아닙니다. 저에게 여러 명의 자녀가 있었지요. 그런데 그 중 한 아이가 문둥병에 걸렸습니다. 지금부터 40년 전 그 아이가 열한 살 때입니다. 당시는 아이를 가족이나 동네 이웃들로부터 격리시키는게 고작이었지요. 그래서 이곳에 보내졌습니다. 소록도에 나환자촌이 있다는 말만 듣고 부자가 길을 떠난 것은 어느 늦여름이었습니다. 그때만 해도 교통이 불편해서 서울을 떠나 소록도까지 가는 게 보통 고생되는 일이 아니었습니다. 더운 여름날 먼지 이는 신작로를 걷고, 타고 가는 도중 함께 많이 지쳤습니다. 그러던 중 어느 산자락에서 잠시 쉬게 되었을 때 피로에 지쳐 잠든 아이를 살해하고 싶은 충동에 잠든 아이의 머리에 바윗돌을 들어 힘껏 던졌습니다. 천만 다행일까 바윗돌은 빗나갔고 이를 악물고 다시 돌을 들었지만 차마 어린 생명에게 그런 짓은 더 이상 할 수 없어 아이에게 다시 길을 재촉하였습니다.

소록도에 이르렀을 때 배를 타러 몰려든 사람들 중에 눈썹빠진 문둥이들을 직접 보게되자 아직은 멀쩡한 아들을 소록도에 맡길 수가 없어 망설였습니다. 배편은 놓쳤고 어쩔 수 없이 어린 아들에게 심경을 털어놓자 그 아이는 이해하는 듯 했습니다. "몹쓸 운명이려니 생각하고 함께 죽자." 부자는 나루터를 돌아 인적이 끊긴 바닷가로 갔습니다. 신발을 벗어놓고 눈물을 훔치며 물속으로 들어갔고 금시 물이 깊어졌을 때 갑자기 아들이 소리지르며 악을 썼습니다. "나병환자는 나인데 왜 아버지까지 죽어야 해요, 아버지만 믿고 살아야 할 다른 형제들은 어떻게 살아가요." 열한 살 어린 것이 어디서 힘이 나는지 완강한 힘으로 자기 혼자 죽을 테니 아버지는 살아야 한다며 떼밀어 내는 것입니다. 아들을 껴안고 오열하는 수 밖에 없었습니다.

소록도에 아들을 두고 서울로 돌아와 정신없이 힘겨운 세월을 흘려보내는 동안 온갖 정성을 쏟아키운 나머지 자녀들은 건강하고 대학도 마치고 결혼하고 또 자녀들을 낳았습니다. 얼마 전 큰아들이 시골 재산 정리하여 서울로 올라와 함께 살기를 간청하여 뜻을 같이 하였습니다. 큰아들네는 편하고 불편함이 없었습니다. 가끔씩 사별한 부인 생각이 나기는 했지만, 그런데 점차 시간이 지나면서 불안감이랄지 불편함을 느끼게 되었습니다.

어느 날 큰아들이 "저만 아들입니까?" 라는 말에 말없이 짐을 꾸렸습니다.

둘째, 셋째, 넷째……." 허탈한 심정으로 예전에 살던 시골집에 내려왔을 때 문득 40년 전 헤어진 그 아이가 생각났습니다. 열한 살 때 소록도에 버려진 아이, 하늘도 용서 못 할 내 손으로 죽이려고 했던 바로 그 아이.

다시 먼 길을 떠났고 오랜 수소문 끝에 가까스로 찾게 된 그 아이는 이미 오십이 넘은 나이고 그동안 겪은 병고로 인해 늙고 수척했습니다. 그러나 눈빛만은 예전처럼 맑았습니다. 아들과 눈물겨운 해후가 이루어졌습니다. 흐느끼던 아들은 아버지를 껴안으며 "아버지를 한시도 잊은 적이 없습니다. 아버지를 다시 만나게 해달라고 40년이나 기도해 왔는데 이제 기도가 응답되었습니다." 노인도 오열하면서 "어째서 못난 애비를 그렇게 기다렸느냐. 자식이 문둥병에 걸렸다고 무정하게 내다버린 뒤 한 번도 찾지 않았는데 원망하고 증오해도 할 말 없는데 그리도 애타게 기다렸느냐." 그러자 아들은 "여기 와서 생명의 주님을 믿게 되고 그 후 모든 것을 용서하고 사랑하게 되었어요." 이처럼 사랑은 비참한 운명까지 감사하게 만들고 자신의 기도가 응답된 것에 감사하는 놀라움에 앞서 아버지는 크게 깨달음을 얻게 되었습니다. 열정 쏟아 기른 여러 명의 자식보다 쓸모없다고 내다버린 하나의 생명이 보다 푸르고 건강하게 잘 자라 있었다는것을…….

아버지는 아들에게 잃어버린 사십 년의 세월을 보상해 줄 의무와 함께 있어 주는 것만으로도 그 아이에게 도움이 된다면 마지막 그 일을 운명으로 받아들일 작정으로 나환자 촌에 아들과 함께 살게 해 줄 것을 간곡히 요청하였습니다(조선일보에서 발췌한 내용임).

많은 것을 생각하게 하는 내용의 글입니다.

소외받은 한센인들의 고립된 93년은 끝났는가? 하루 40회 녹동항을 왕복하던 뱃길이 소록대교가 생기면서 중단되었고 이후 더 고립된 지금, 소록대교가 개통되면 한센인들의 육지 왕래가 쉬워질 것이라는 기대는 무너진 상황이다. 소록대교는 차도만 있고 인도가 없기 때문이다.

나이든 한센인들은 인도가 없는 소록대교가 생김으로 없어진 뱃길을 아쉬워하며 언제나처럼 소외되고 예전보다 더 고립된 슬픔을 안은 한센인이 된 것이다.

5월 16일은 한센인의 날이다.

국립 소록도 병원 개원 93주년 기념식에 한센인과 그 가족들에게 고통을 안겨준 격리정책과 사회적 차별에 대해 유감을 표한다는 정부차원 첫 공식사과를 했다. 지난 100년 동안 한과 설움을 겪었다. "과거의 아픔을 딛고 소외에서 소통으로 좌절에서 희망으로 나가자." 그간 온갖 풍상 설움과 차별의 과거를 위로 받는 희망적인 말에 한센인들의 마음이 어느 정도라도 위안이 되었으면 하는 바램이다. 일본은 2001년 고이즈미 총리가 환자 격리를 사과하고 보상했다.

소록대교가 개통되면서 일반인과 소통되었다. 하루 수천 명에 이르는 관광객과 수백 명의 자원 봉사자가 소록도를 찾고 있다. 한센인들에 대한 의료지원도 예전에 비해 많이 좋아졌다.

소록도를 있는 그대로 봐주세요.

소록대교가 개통되면서 수천 명의 관광객들이 드나들게 되었다. "그래도 잘 가꿔놓고 그래도 잘 먹고 잘 사네."라며 호기심으로 구경하지 말고 원숭이 보듯 하지 말고 있는 그대로 봐주오.

사회에서는 항상 주머니에 손을 넣고 다니지만 여기서는 숨길 필요가 없어 좋다. 한센병력자인 어느 소록남께서 "완치되어 나가 살다 힘드니까 다시 여기 와서 편히 살려는 사람이 많다.

먹고살기 막막해서 돌아왔다"고 했다. 현재 소록도에 계시는 분들은 대부분 나이 많으신 약자이며 소록도는 그 어르신들의 눈물로 이루어진 곳이다. 퇴원시킨다는 말을 제일 무서워하는 한센인들의 고향을 있는 그대로……

2009년 3월에 녹동항과 소록도를 잇는 대교가 개통되면서 하루 2천여 명, 주말에 6천여 명의 관광객이 몰려든다.

관광객 중 아직도 원숭이 보듯 섬주민을 차별하는 이들이 있고 섬 주민들은 관광객이 쓰레기만 버리고 간다고 달가워하지 않는다.

듣기 싫은 '문둥이' 소리에 환자들은 서로를 '문' 씨라고 불렀다. 그러다 공식 명칭이 한센병으로 바뀌었다. 그러자 사람들은 서로를 '한' 씨라고 불렀다. 섬 바깥은 '사회', 자기 섬은 'S'도라 불렀던 이곳 소록도 병원에는 한센병 뿐 아니라 노인성 질환즉, 치매 환자들도 요양하고 있다. 한센병은 더 이상 발병하지 않고 감염성 질병도 아니다. 국립 소록도 병원에 남은 분들을 어떻게 돌볼 것인가가 이 병원의 새로운 과제이다. 2017년 제51회 청룡 봉사상 인상에 오동찬(49세) 소록도 병원 의료부장이 수상했다. 소록도 인근 전남 고흥면에서 교편을 잡았던 그의 아버지가 "소록도에는 아프고 외로운 사람이 많다."고 했다고 한다. 한센인 500명의 입술까지 고쳐준 소록도 천사, 그의 말은 소록도에 대한 편견을 없애는 게 앞으로의 목표라고 했다. 그는 "세계

보건기구도 한국은 이미 한센병 완치 국가로 판정했는데 여전히 소록도는 '병걸린 섬'으로 인식되는 게 안타까워요. '한센인'이나 '나병 환자'라는 말 대신 '소록도 주민'으로 불렸으면 좋겠어요." 라는 말을 했다.

소록도는 해상 교량을 통해 북으로 전남 고흥반도와 남으로는 거금도와 연결되어 있다. 거금대교 쪽 풍경은 탄식이 나올 정도로 아름답다. 소록도는 더 이상 외롭지 않은 우리 모두의 섬이다. 소록도 주민들에게 힘과 따스한 사랑을 아끼지 않는 우리가 되기를 간절히 소망한다.

제주도

세계 자연 유산에 이름이 올라있는 제주도는 대한민국의 제일 나이어린 땅덩어리이며 오름이 많다. 오름은 기생화산이라는 제주 사투리로 한라산, 성산 일출봉, 용암동굴 등이 있다. 오름이란 산꼭대기와 아래 땅 사이의 언덕을 기준으로 40m 이상은 산이고 이하는 오름이라 한다.

유배지였던 제주도에서는 최고위의 정치범들을 유리시키는 것도 모자라 가시덤불 울타리를 쳐놓고 울타리 밖으로 못나가는 형벌을 가했으니, 그들은 집안에 꽁꽁 갇혀 사는 신세였다. 교통수단이 전무한 시대에 한양에서 뱃길따라 제주도로 향할 때 심정이 어떠했을까. 생사를 예측할 수 없는 파도에 밀려 섬에 닿는 길만이 유일한 희망이지 않았을까. 어쩌면 학덕을 많이 쌓은 학자들이었으니 생사를 초월한 의연한 자세로 대처하였을 것 같기도 하고, 혹은 도착하자마자 사흘만에 사약을 받기도 하였을 것이다. 망망대해를 바라보면서 더 많은 덕을 쌓으며 수양을 하였을지도 모를 이곳에서 그들은 심한 바람을 맞는 붉은 심장이 다 타들어가도 임금에게 충성하는 마음은 변하지 않았을 것이다.

예전이나 지금이나 정치는 혼탁하다. 제주도로 유배를 가면 사형이나 다를 바 없었다. 조정에서 내쳐져 세상에 대한 원망이 가득한 고집스런 반골 양반들이 생활력이 있을 수 없다. 생활에 무능한 남정네만 바라보고 살아갈 수 없으니 여인네들이 생활현장에 뛰어들 수밖에 없었다. 바다에 둘러 쌓인 섬이니 바다만이 생활터전인 즉 섬에서 태어난 운명은 어려서부터 헤엄을 배우고 바다와 친숙해지는 법을 익혀 남성을 대신해서 자기와 가족을 지키는 힘든 삶을 숙명으로 받아들였다. 추운 날씨도 아랑곳 않고 차가운 물속 깊은 바다에 뛰어들어 해산물을 캐고, 참았던 긴 한숨을 수면위로 떠오르면서 맺혀진 한과 서러움을 내뱉는소리가 바로, 물속에서 살아나온 절절한 절규, "휘-익, 휘-익." 이른바 숨비 소리이다.

바다는 너무 어렵고 힘들어서 다음 세상에 태어나면 누에치기를 하며 살고 싶다는 해녀의 말이 가슴을 적신다.

고향이 어디요? 물으면 선뜻 "제주요," 라고 말하지 못했던 남자들, 중죄를 지었거나 억울한 누명으로 한양에서 버려진 사람들이 살던 땅. 세월을 잘못 만난 빈둥대는 반골남자들의 유배지가 이제는 아니다. 교통이 발달하였고 웰빙 바람을 타고 대체작물이 재배되며, 더 이상 숙명적으로 물질하며 여인네들만이 삶을 꾸며가던 섬나라가 이미 아니다.

땅에는 물이 고이지 않아 논농사는 전혀 없었고 조와 메밀이 유일한 작물이다. 곤밥(쌀밥)을 마음껏 먹어 보는 게 소원이었던 제주에서 조껍데기로 빚은 오메기술과 좁쌀로 만든 오메기떡이 제주의 특산물이 되었다.

야자수와 소철 등 아열대 나무들이 즐비하게 서서 마치 이국에 온 느낌을 주는 이색도시가 된 세련되고 멋진 제주도를 다녀왔다.

전용버스에 오르니 비바리처럼 예쁜 40대 초반의 '냉발이' 가이드가 정신 바짝나리만큼 야무지고 단정하게 우리를 맞는다. 1800여 종의 나무와 아름다운 꽃길이 여행의 감흥을 일으키기에 알맞다. 도부봉 정상에서 한라산과 바다조망을 보며 용이 승천하려다 돌이 되어 용머리 형상같다는 전설을 지닌 용두암 언덕바지에 이르니, 자연에 심취하기보다 오히려 이른 새벽길 나서느라 아침을 거른 증거들이 나타나기 시작했다. 여기저기서 "꼬르륵, 꼬르륵."

바다의 싱싱함을 모두 담아낸 해물 뚝배기. 작은 전복이라 칭해지는 오분작을 많이 넣고 제주 전통적으로 열은 된장을 풀어 국물을 만들어 성게알, 새우, 조개 등 다양한 해물 듬뿍 넣어 끓여낸 국물맛인 오분자 뚝배기와 젓갈 상추 등에 고픈 배를 달랜다. 금강산도 식후경이라 그 누구가 말했을까.

일출봉

수심이 낮은 해저의 수중화산 활동에 의해 형성되었다. 높

은 온도의 용암이 바닷물과 만나 수증기를 급격히 발생시켜 갑자기 폭발하면서 수증기둥을 만들고 폭발 후 수증기둥이 무너진 자리에 크고 작은 용암의 파편들이 쌓여 형성되었다. 제주의 다른 오름들이 용암이 식으면서 생성된데 반해 성산 일출봉은 생성부터 독특한 양상을 보인다.

지구상에 500개가 넘는 수성 화산체가 있지만 바다나 호수에서 만들어져 대부분 물에 의해 침식되어 완전한 화산체를 보여주지 못하는데 비해 성산일출봉은 온전한 화산체를 이루고 있어서 세계에서도 유례가 없을 정도로 화산 활동을 연구하기에 좋은 자연적 학술적 중요성을 지니고 있다. 바다위에 솟아오른 천연요새. 거대한 성곽에서 만나는 자연의 경이로움 성산일출봉, 99개의 거대한 기암을 호위병으로 세워둔 동쪽 끝 태양이 떠오르는 古城, 기기묘묘한 기석들과 수평선 너머 떠오르는 일출의 장관, 빙 둘러 천연요새를 구축하고 있는 성산 일출봉에 올라 자연의 경이로움과 함께 세계자연 유산의 가치를 발견한다. 원래는 제주 본섬과 떨어진 섬이었지만 파도에 의해 모래톱에 쌓여 제주 본섬과 연결되었다.

분화구 안쪽은 길고 평평한 분지를 만들고 있는 반면 바깥의 삼면은 깎아지른 절벽으로서 왕관형태이고, 하늘에서 보면 둥근 태양을 품에 안은 거대한 성곽처럼 보인다. 화려하고 장엄한 일출을 볼 수 있는 일출의 명소이며, 일출봉 정상에서 맞이하는 일출이 아름다울 뿐 아니라 수 많은 기암괴석이 어우러진 일출봉 자체의 자연경관도 빼어나게 아름답다. 화산섬의 매력을 그대로 보여주는 봉긋봉긋 솟아오른 수많은 오름들이 많다.

마라도

고구마 형태를 닮았다는, 제주의 봄이 시작되었음을 느끼게 해주는 곳 마라도는 "국토의 최남단"이라는 의미 하나만으로도 사람들의 마음을 잡아맨다.

무슨 이유일까.

한번쯤 가보고 싶은 섬. 다녀오고 나면 세찬 바람조차 그리운 곳. 거센 바람 때문에 수십 년 된 소나무도 제 나이만큼 자라지 못하고 키작은 야생화들이 나지막하니 섬전체를 덮었다. 백두산을 연상시키는 드센바람은 바람이 난 모양이다. 바람난 바람이 모든 것을 뒤흔들어 정신을 가다듬을 수 없다. 그 와중에도 아랑곳 않고 얌전히 고개내민 야생화가 새순과 함께 연초록 들판을 이루고 있다.

오랜 해풍과 파도에 의해 해안 절경이 형성되어 있고 느리게 걸어도 한 시간이면 섬전체를 걸어서 돌아볼 거리이지만 모두들 골프캐디카를 타고 10분 정도 섬을 돌게 된다. "국토 최남단"이라는 글자가 새겨진 바위 밑에서 사진 촬영이 한창이다.

"처녀당" 혹은 "할망당" 이라고도 하는데 혼자 남겨져 외로움과 굶주림에 지쳐 세상 떠난 애기업개의 슬픈 전설이 있는 바위모양의 애기업개당이 있고, 하늘의 신이 땅에 살고 있는 신과 만나는 길목이라 불리는 장군 바위로 주민들이 해신제를 지내는 장군바위가 있다. 하여, 장군바위 위에 함부로 올라가는 것을 꺼린다.

마라도 해물 자장면, 이 곳에 자장면집이 있다는 게 어색한 것 같다. 잠시도 쉬지 않고 성가시게 부는 바람속에서 삭막한 들판에 오똑하니 집도 아닌 포장마차 속에서 자장면의 맛을 알기란 쉽지 않을 텐데. 파도에 흔들리는 배위에서 철밥통을 든 남자가 "자장면 시키신 분" 하고 외치는 장면을 본 적이 있다. 까마득히 먼 바로 이 섬에 자장면집이 네 곳이나 있다. 바람부는 언덕배기에서 누가 자장면을 먹겠는지…….

돼지고기를 쓰지 않고 이곳의 해물로만 만든 전복, 소라, 해삼과 야채로 만든 매콤한 자장면이 마라도의 별미라고 한다. TV 광고에서 핸드폰 성능을 강조하기 위한 것이 상술로서 야무지게 활용된 모습이다. 평평한 들판 군데군데 발로 넘어들어가도 좋을 낮은 돌담이 네모 반듯하다. 그 돌담이 묘소이다. 묘소라 하기에는 거리가 있고 예쁜 소꿉놀이터 같다. 뭇 인간들이 정붙이고 살면 사단날 것 같아서인지 정붙이지 못하게 하느라 잠시도 틈을 안 주고 마구마구 불어대는 바람 때문에 서둘러 떠나오고 말았다.

외돌개 (일몰체험지)

화산 폭발로 섬의 모습이 바뀔 때 생긴 바위섬으로 꼭대기에 작은 소나무들이 몇 그루 살고 있다. 위태로운 기암절벽의 형태이며 보는 방향에 따라 모양이 다르게 보인다. 제주의 해금강이라고 불리울 만큼 해안절경이 빼어난 서귀포 해안가에 위치하며 외롭게 홀로서 있어서 외돌개라 부른다. 물빛 맑고 투명한 바다속으로 뛰어 들어 나도 맑고 투명해져 보고 싶다.

쇠소깍

제주바다와 한라산계곡의 만남.

서귀포 앞바다와 한라산 수악 계곡까지 흘러 내려온 물이 만나는 연못 끝, 쇠소깍은 서귀포 70경의 하나로 많이 알려지지 않은 숨겨진 비경이다.

제주 석부작의 공원

용암의 신비를 닮은 예술공원, 백두산에서 한라산까지 들녘의 바람자리를 수놓은 보랏빛 야생화. 세계의 어느 돌멩이도 흉내낼 수 없는 제주만의 보물 현무암. 말없는 돌에서 피어나는 아름다운 석부작, 야외전시장에 계절마다 자라고 있는 야생초와 제주의 돌에 담긴 생명력은 느낌이 다르다. 제주 자연석과 야생초를 조화시킨 2만여 점의 작품 야생화전시장, 복수초, 고란초, 옥백란, 만년석송, 한라 구름채 등 제주섬에서 볼 수있는 수천종의 들꽃과 산야초를 한눈에 보았다. 꿈과 낭만의 축제가 있는 곳, 귤림성 테마 공원의 부대시설인 아늑하고 고급스러운 분위기로 밝은 태양 시원한 바람을 맞이하며 오붓한 시간을 보낼 수 있는 통나무집 팬션이 좋았다.

중문 관광 단지

신라호텔에서 롯데호텔을 거쳐 퍼시픽랜드로 통하는 산책로는 눈앞에 펼쳐지는 푸르른 싱그러움과 바다풍경을 볼 수 있다. 롯데호텔에 있는 두 개의 풍차와 물레방아가 있는 연못이 아기자기하다. 밤꽃이 허옇게 흐드러지게 피어 쉴새없이 불어대는 바람결에 남향(男)은 느끼하게 코끝을 어지럽힌다. 밤꽃 필 때 혼자사는 여인네 연분 찾아 떠난다는 생각이 떠올라 혼자 웃음 지어본다.

점심에 중문덤장이라는 식당에서 제주 옥돔구이 정식을 들게 되었다. 이곳에서는 끼니마다 삶은 돼지고기가 나오는 게 특별하게 생각되었다. 돼지삼겹, 오겹 전문음식점도 아니고 주 메뉴도 아닌데도 조금씩이라도 나오는 것은 이곳이 돼지고장임을 강조하는 것인가. 돼지보다 해물이 더 큰 몫일 것 같은데 냉발이 가이드는 돼지시대는 갔고 요즈음은 말고기 시대인 듯 말고기 사시미를 들먹인다. 말고기 회는 아니더라도 싱싱한 생선 사시미는 언제쯤 줄랑가.

한라산 1100도로와 5.16도로

내리막길에 차를 세우면 오르막길이 분명한데 차가 거꾸로 올라가는 신기한 체험을 한다. 주위 환경의 영향으로 시각적으로 높게 보이는 것이라고 한다.

착시현상이다. 이 도로는 이름도 많다.

예전에 서울에서 못된 행동하는 사람들 즉, 깡패들을 모아다 만들었다 해서 깡패도로라고 한다. 도깨비도로, 또는 요술도로라고도 한다.

제주 돌 문화공원

제주의 형성과정과 제주 사람들의 삶과 함께 해온 돌문화를 종합적이고 체계적으로 모아 전시해 놓은 박물관이자 생태공원이다. 제주의 설화, 탄생을 알 수 있는 기기묘묘한 돌들, 야외공간에 제주지역의 돌하루방과 동자석 등이 있다.

방사탑

제주는 가정을 지켜주는 여신의 섬이다. 육지의 장승과 같은 의미라고 생각된다.

돌하루방

제주의 상징인 투박하고 근엄한 표정의 돌하루방은 남자의 상징으로 남자는 적고 절대다수의 여자들의 기세를 낮추기 위한 상징의 표현물이다. 돌하루방 몸 전체는 남자의 성을 의미하고 오른손이 위에 얹혀있으면 문관이고 왼손이 위에 얹혀있으면 무관이며 양손이 마주하면 화합하는 의미이다. 백만평 넓디넓은 돌문화공원에 헤아릴 수 없이 많은 돌하루방이 장대하게 서있는 모습은 장관이다. 대학 때 수학여행을 다녀온 아들이 다음날 배낭에서 조그맣고 귀여운 돌하루방을 수십 개 꺼내 주욱 세워놓았다. 같은 걸 왜 이리 여러 개를 사왔으며 이렇게 한곳에 세워놓은 이유가 무어냐고 물었더니

"씨익-." 웃고 말았다.

나는 비교적 늦은 시기 최근에야 제주도를 왔다. 돌하루방의 의미는 거의 전무하였다. 그때 그 애가(지금은 40대이다.) 집에서 여자들의 기세보다 남자들의 기세가 강해야 한다고 생각했던 것은 아닌지. 집에는 여자라기보다 어머니인 '나' 뿐이었는데. 어쩌면 제 아빠와 저 자신의 기가 엄마보다 약해서는 안 되겠다는 의미로 수십 개의 돌하루방을 집안에 들여온 것은 아니

었는지, 조금은 심각하다. 어머니는 오직 사랑으로 다스리려 했는데 그것이 기가 센 것이라고 생각되어 거재암 치원에서 응인군을 불러들였던 것인지. 돌하루방이 귀여운 버섯모양의 모자를 쓰고 있는 모습이 전혀 방향이 다른 남성의 성기를 뜻한다는 의미에 놀랐다.

제주에 현존하는 돌하루방 48기. 새로 태어난 창작 돌하루방의 기발하고 자유로운 모습은 기존의 무뚝뚝한 표정이 아닌 새롭고 친근한 모습이다. 하루방은 무뚝뚝하고 투박한 것이 매력이고 편안한데…….

일출랜드

미천굴은 지하의 신비를 간직한 천연용암동굴로 태고의 신비를 보여주고 시원하게 물을 뿜는 분수와 하늘을 찌를 듯 높고 푸른 야자수가 이국적인 분위기를 자아낸다. "물은 위에서 아래로 흐르고 또한 가득차면 넘친다."라는 글이 들뜬 마음에 의미를 준다.

아열대식물원, 선인장. 수변공원, 현무암분재, 정원 등 다양한 볼거리를 만드느라 수고하였을 손길을 생각해 본다.

동굴 끝부분에 아기를 안은 옛적 원주민들의 모습을 보고, 어디서 오셨는지 나이드신 한 노인께서 "금방 아기를 낳았고나, 갓난아기네, 갓난아이야. 우야꼬."

상황을 당신 기준에 맞춰 설명하며 심란해 하시는 모습에 순수함이 묻어났다. 우리는 할머니는 모르셔도 한참 모르시네, 옛날 옛적 상황을 단지 돌로 쪼개어 세워놓은 것 뿐인데 라는 삭막한 감정밖에 없는데…….

국가 보존 민속마을

100년 전 제주 옛 가옥과 관아 시장등이 있는 마을을 그대로 옮겨놓은 듯, 초가와 촘왕, 물허벅, 해녀들의 태왁, 대문 역할을 하는 정남, 제주 특유의 통시. 옛사람의 생활모습을 이해하는데 큰 도움이 되는 것이 많다. 돌기둥 하나에도 옛 제주 사람의 삶이 닮겨 있는 듯하다. 보질보질 오름을 손잡고 올라가던 언니오

빠가 내려올 때 여보 당신이 되어 온다니 연애기간 속도위반은 법으로도 대책이 없겠다.

제주도의 대문 정남은 긴 막대 한 개를 올려놓으면 아기가 있는 집이라는 표시이고, 두 개를 올려놓으면 밭에 일하러 갔으므로 잠시 집을 비웠다는 뜻이고, 셋을 올려놓으면 멀리 가서 오랜 시간을 집을 비운다는 뜻이고, 네 개를 올려놓으면 과부가 혼자사니 도와주시오 라는 뜻이다.

그러나 밤에 남정네들의 출입은 절대 금함이라고도 했다.

절물 자연 휴양림

자연의 싱그러움과 함께 삼림욕을 즐길 수 있는 휴양림 속에는 등산을 즐길 수 있는 절물오름과 전망대, 숲속 약수터가 있고 건강 산책로를 돌아나오는 곳곳에서 더덕의 향이 진하게 코를 찔렀다.

삼나무길 비자림

세계 최대의 비자나무 군락지. 우리나라에서 가장 아름다운 도로 "비자림로." 쭉쭉 뻗은 울창한 삼나무 숲길에 들어서는 순간 다른 나라 숲에 와있는 듯한 착각에 빠진다. 산뜻한 삼나무길을 지나면 푸르름이 가득한 비자림에 이르는 길이다. 가장 이국적이고 가장 제주도적인 길.

차귀도

석양이 지는 바다를 배경으로 한 차귀도는 한 폭의 그림으로 다가오는 섬이다. 한경면 고산리에 위치한 차귀도는 죽도와 지실이섬, 와도 등 세 개의 큰 섬과 작은 부속섬으로 이루어져 있는데 경관이 뛰어나고 돌돔과 빙어낚시의 일급지이다.

샤인빌리조트

아침 식사를 무얼로 할까. 양식을 할까 한식을 할까. 한식 체질이니 빵보다야 된장 찌개가 좋겠지.

성게 미역국, 죽순무침, 쑥갓무침, 김치, 꼴뚜기 볶음이 제주도의 한식 메뉴라 생각되어 적어본다. 다른 것은 어느 도시에서나 자주 만나는 음식이지만 성게알 미역국이 특별한 게 아닌가. 맑고 바특한 미역국이 입맛인 우리에게는 귀하고 좋다는 성게알 미역국이 맛에 닿지 않아 유감이었다.

서귀포 칠십리 해안 해상 유람선

고기잡이 나간 사람들이 돌아오지 않아 섭섭하다 한 섭섬. 모기모양의 문(모기)섬, 고기잡이 가서 돌아오지 않는 할아버지의 무사귀환 소망을 빌다가 돌이 된 할망바위 앞에 할아버지 모습을 한 바위가 생기므로 할망이 할아버지를 만난 것이라고 하여 소원성취 할망바위인 범섬. 크고 작은 섬들이 각각의 모양과 전설을 지닌 채 바위에 오밀조밀 떠있는 광경은 외국에서도 보기 어려운 제주도의 특징일 것이다.

유람선을 타기 위해 기다리는 동안 냉바리 가이드가 제주 특산물인 보리빵을 맛뵈기로 하나씩 주었다. 아침 먹은 지 얼마 되지 않아 깨끗한 비닐봉지에 넣어 잠바 주머니에 넣어 두었다. 나중에 내가 먹기보다 다른 사람에게 필요할 것 같아서이다. 이런 생각 때문에 내 가방속이나 주머니속은 항상 복잡하다.

어느 스님께서 필요 이상으로 먹는 일은 독이라고 하셨다. 그리하여 총맞아 죽는 사람보다 과식해서 죽는 사람이 더 많다고 한다. 가능한 한 덜 먹는 것이 건강을 지키는 일이라고 생각이 된다.

어느 박사께서는 현대는 너무 먹어 과잉섭취가 모든 병을 유발시키므로 될 수 있는 대로 안 먹는 것이 유익하다고 강조하셨다. "사람들이여. 보름만 먹지 말고 굶어보라, 모든 병이 다 달아날 것이다."라고 하셨기에 내 동생에게 말했더니 그러다가 죽으면 어쩔 것이냐고, 하며 굶는 일에 대해 무척 과민반응을 일으킨 적이 있었다. 될 수 있는 대로 적게 먹는 것이 건강에 좋다는 말씀이지 건강하려다 제 명대로 못 살면 그것도 운명 아닐까.

주머니속에는 휴지도 많이 들어있다. 나만 쓰기 위함보다 위급한 상황에서 필요한 이들에게 줄 수 있기 때문이다. 어느 날 옆 화장실에서 불안한 목소리로 가만히 속삭이는 소리 "휴지 있으세요?" 화장실에 당연히 있어야 할 게 없으니 얼마나 난감하냐, 그럴 때 "네, 드릴께요." 하면서 밑바닥 틈새로 보내면 그 분

얼마나 편할까. 휴지 외에도 보리빵을 넣은 주머니가 퉁퉁하고 불편하지만 서귀포 해안 칠십리를 유람한다니 기분이 좋지 않을 수 없다. 버스에서 내려 승선하는 사이 가는 빗방울이 내리기에 뛰어 뱃문 앞에 이르니 거지품바 복장을 한 사람이 "안녕하세요." 인사를 한다. 구성지고 코믹한 멘트의 목소리가 세 섬을 설명하는 맛도 아주 낭만적인 즐거움이 있다. 드디어 품바양반 삐에로 가면을 쓰고 한바탕 놀아나는데 사지육신 문어발 휘두르듯 신바람나게 흔들고 노래하는데 사람 사는 방법도 여러 가지구나. 웬지 즐겁지가 않다. 멈출 줄 모르는 몸짓, 넘치는 에너지는 신들린 무당도 저렇게는 어렵겠다는 생각이 들어 힘들게 했다.

해안 절경에 심취되기보다 넘치는 끼를 주체 못 하고 뭇 사람 즐겁게 하려고 노력하는 모습이 조금은 안타까운 생각도 든다. 내 자신도 감당못해 절절매면서 남의 사주팔자까지 마음 쓰는 나는 참 주제넘다. 짧은 쇼가 끝나니 품바양반 비지땀 흘리며 숨고르는 모습이 처연하다. 주머니속 보리빵을 손에 쥐어주며 "수고하셨어요." 라고 하니 가쁜 숨 몰아쉬며 "고맙습니다."라는 소리를 뒤로 한 채 배에서 내렸다. 그런데 어느새 품바양반 내 앞에 서서 "안녕히 가십시오." 인사를 한다. 내게 빠른 동작으로 와 인사하기보다 숨 돌리고 빵 한쪽이나마 먹어주기를 바랬는데 그가 문밖까지 나와 인사하는 모습이 오래도록 눈에 밟힌다. 부디 행복합소예.

대정 돌하루방

조선시대 제주성, 정의성, 대정성의 삼성문 입구에 세워져 있던 석상으로 지금은 제주를 상징하며 선비처럼 점잖게 서 있다.

모슬포 항

제주도에서 바람이 가장 많이 들고 나는 곳이다. 이곳에서 배를 타고 30분 가면 마라도다. 느리게 걸어도 한 시간이면 돌아보는 편평한 섬 마라도 인근에 있는 송악산(104m) 해안 절벽은 절울이라 부른다. 절울이란 파도가 우는 곳이란 뜻이다.

파도가 부딪쳐서 나는 소리를 왜 운다고 했을까? 송악선 절벽에는 일제 강점기에 일본군이 만든 동굴이 군데군데 뚫려 있다. 모슬포를 품은 대정읍은 일본 남단 규슈 지방과 중국 남부를 연결하는 직선상에 있다. 그래서 당시 한·중·일 3국의 군사적 요충지였다. 물어 뜯을 듯 싸우는 열강이 할퀴고 간 상처를 파도가 쓰다듬으며 울었다고 해서이다.

추사관

추사 김정희 세한도는 유배온 사람의 쓰라린 현실이 농축된 그림으로 국보 180호이다.

공식사절에 따라다니는 역관(통역)인 친구 이상적이 유배된 김정희에게 책을 구해주며 세상 소식을 전해준다. 이상적의 의리에 감복한 추사가 고마운 마음을 담아 그린 그림이다. 세한도는 질 낮은 허름한 종이 석 장을 이어 붙여 그린 것이며, 종이를 통해 쓸쓸하고 곤궁한 자신의 처지를 나타내기 위해서였다고 한다.

추사관은 추사 김정희가 55세때 윤상도 옥사사건에 연루되어 유배길 8년 3개월 유배생활을 했던 곳이다. 사적 487호로 지정되었으며, 추사는 여기서 서예사에 빛나는 "추사체"라는 큰 업적을 남겼다.

세한도도 이때 그렸다. 그는 젊은이들에게 학문도 가르쳤다. 추사관은 김정희의 삶과 학문 · 예술세계를 기리기 위해 건립된 건물이다.

'세한 연후지 송배지후조.' 추운 겨울이 되어서야 소나무와 잣나무가 시들지 않는 사실을 비로소 느끼는 것처럼 사람도 힘겨운 시절을 만나서야 진정한 친구를 알 수 있다는 뜻의 글귀를 생각하며 추사는 자신의 쓸쓸한 처지와 친구의 변치않는 마음을 세한도로 표현한 것이다.

후기

일흔 중턱에 걸터앉아

청빈 · 무욕 · 무소유의 단어들을 이제 어렴풋이 알아 차리는 듯한데 되새길 시간이 부족하다. 버리고 벗긴 후 새로운 '나'를 창조하려면 더 많은 시간이 필요한데 없는 시간에 쫓긴다. 내 근심만 해도 복잡한데 남의 걱정까지 하며 늙었다. 시어머니의 잔소리는 남의 것을 꾸어다가도 한다는데 '나' 또한 그랬던 것 같다. 말을 많이 하면 필요 없는 말이 나오니 양 귀로 많이 들으며 입은 세 번 생각하고 열라는 말을 명심하면 어리석고 부족함 뿐이다. 정리되지 않은 상념의 노예가 되어 설자리를 찾지 못한 시간들을 가지런히 끝맺음할 시간이 있을지……. 똑바로 보고 올바르게 살고 싶은데 세상은 진흙탕 속 먼지 구덩이이다. 혀는 칼이 되고 말은 독침이 되어 여기저기서 날아와 박힌다. 정신도 덩달아 갈피를 못 잡는다.

일흔 중턱에 걸터 앉아 어줍지 않은 글을 쓰면서 확실히 알게 된 것은 많이 부족하여 아는 게 아무것도 없다는 것을 알게 된 사실이다. 아주 많이 무식하다는 말이다. 무엇을 모르는지조차 모른다는 것을 알게 된 것이다. 나름 학교도 다니고 먹은 나

이만큼 경험도 있으니 조금은 아주 조금은 알고 있다는 생각을 한 어리석음에 스스로가 많이 놀랐다.

뱀은 발이 없는데 없는 뱀의 발을 그리려니 괴롭고 고통스러웠던 여러날이 있었다. 나에게 허락된 시간이 얼마나 되는지는 아무도 모른다. 다만, 그 시간들을 소중히 알뜰히 성실하게 보내는 것만이 나의 힘이고 소망인 것을 일흔 중턱에 걸터 앉아 비로소 알게 된 미련함을 어쩌면 좋은가.

인생사 여러 갈래 길섶을 가만 가만 더듬는다. 생각이나 말, 그리고 행위에 대한 책임을 져야 하고, 내가 저지른 적절하지 않았던 일들은 한치의 오차도 없이 내게로 되돌아 온다는 사실을 알고 있을 뿐이다.

눈 앞에 삶이 고단해도 뜻을 꺾지 않으며, 졸아 작아진 가슴을 펴고 큰 마음으로 모두에게 칭찬을 아끼지 않고, 실수 속에서 배우며 내가 한 잘못을 바로 잡아 욕심이 앞서는 위기를 건너는 힘을 키우고 싶다. 어느 곳이 영원한 고향인지조차 모르는 외로움으로 아파하며, 슬픈 이웃을 안본 척 못본 척 하지 않고 보듬으며 살고 싶다. 그리하여 사랑과 봉사로 살며 감사의 마음과 신뢰를 잃지 않으면서, 모두에게 다가가는 고마운 꽃이 되기를 '나' 스스로에게 소원해 본다.

총총

글쓰기 쉽지 않아요

글쓰기가 어렵지 않은 사람은 행복할 것이다. 노력한다고 될 일이 아닌 글쓰기는 매우 어렵다. 타고난 재능이 있어야 한다는 구차한 변명을 해 본다.

어머니는 이왕 낳아 주시려거든 재능이 있거나 미모가 뛰어나게 하시지 않고 무 재능에 메주땡이로 낳으셨는지 야속하다. 이런 나에게 하느님을 섬기거나 지아비를 하늘처럼 모시는 둘 중 하나를 하라고 강조하셨다. 어머니는 내가 수녀가 되기를 바라셨다.

작고 예쁜 것을 좋아하고 갖고 싶은 것은 가져야 하는 싹을 보니 수녀는 아닐 것이고 결혼해서 지아비와 가정에 충실하라는 뜻이었을 것이다.

내 생각은 다르다. 수녀도 아니고 결혼도 아니다. 재능이 있다면 좋은 글 써서 사람들의 가슴을 적시고 젖은 가슴속에서 행복하고 싶었는데…….

새싹이 돋아날 때면 연중행사처럼 심한 몸살을 한다.

봄을 준비하느라 바빴던 겨울을 뚫고 나와 창조의 움을 틔우는 새싹들의 고통을 함께 하려는 것인지, 그래서 '사월은 잔인한 달' 이라 하는가 보다.

여고 동창회에서 여행을 가자고 한다. 몸살 때문에 어렵겠다고 하니 전 회장의 불참은 곤란하다고 한다. 아는 것이 없으므로 앞에 나서기를 지극히 꺼리는 나를 밀어부치기로 맡긴 회장도 회장인가라는 생각에 쓴 웃음이 절로 나온다.

크던 작던 모임의 '장'이란 대표자로서 이런저런 어려움이 한두 가지가 아니다. 다행히 회장 직을 무난히 마친 지금, 전 회장을 들먹이며 종용한다.

대문을 나서는데 "아픈 몸으로 무리 아닌가."

가장의 염려이다.

버스는 목적지로 향한다. 호남 지방의 주요 관광지를 다녀오는 2박 3일의 여행이다. 봄은 온 세상을 연둣빛으로 물들이며 아지랑이를 피워 올린다. 거칠고 힘든 겨울을 무사히 보내고 왔노라고 안도하는 모습이다.

현 회장이 내 옆으로 온다.

"와 줘서 고마워. 총 동창회 회보에 실릴 기행문을 부탁해.

전 회장 네가 아니면 안 될 일이야."

말끝마다 그 놈의 전 회장 소리에 소름이 돋는다. 이런 스트레스가 없다.

"안 돼. 사양이다 사양이야, 다른 친구를 찾아줘."

"전 회장이 거절하면 안 되지. 협조해 주리라 믿는다."

"나, 무리하게 와서 몸 다스리기도 어려워."

완곡히 거절했다. 그녀는 거절이라고 생각지 않고 엄살이라고 여기는 것 같다. 집으로 돌아와서도 몸 추스르기에 한동안 힘들었다.

문틈으로 스며드는 향긋한 꽃 냄새에 창문을 열었다. 어제까지도 살며시 눈웃음 짓던 매실나무 꽃망울이 밤사이 요란스럽게 꽃잎을 펼치고 있다. 북쪽에 있는 연인과 이루지 못한 사랑 때문에 봉우리 끝이 북쪽을 향하는, 북향화라고도 하는 흰 목련도 환한 모습으로 하늘을 향하여 꽃봉오리를 열고 있었다. 꽃잎을 열며 수런대는 자연의 소리를 듣지 못하는 청력이 아쉽다.

매실나무에 눈꽃처럼 내려앉은 앙증맞고 예쁜 꽃들의 아기자기한 수다와 하늘 향한 백목련의 하얀 웃음, 푸른 달빛을 어슴푸레 머금은 흐드러진 꽃잔치는, 오월의 봄밤을 황홀한 신비의 세계로 몰아넣는다.

자연의 예술품은 말문을 막히게 하고, 가슴을 울렁거리게, 하고 맥박을 빨리 뛰게 한다. 내가 살고 있는 행복을 마음 놓고 느낄 수 있는 자연과의 만남은 둔하고 미련한 감성을 자극한다. 자연의 이치에 순종하는 마음에 저절로 고개가 숙여지며 두 손을 가슴에 모으게 한다. 내 자신 속에서 일어나는 순수한 감정이 무엇부터 할까를 생각하게 한다.

거절했던 기행문을 쓰기 시작했다. 컴퓨터로 쓰지 않는다.

앞면만 사용되어 우편으로 들어온 인쇄물들의 뒷면은 깨끗한 백지이다. 버리기 아까운 생각에 모아 놓은 게 많다. 되지 않은 글들의 부분을 고치고 다시 쓰기를 반복하며 처음부터 또 다시 베껴 쓴다. 베껴 쓰는 동안 좀 더 나은 단어들이 생각나는 것은 큰 수확이다.

글 전체를 여러 번 베껴 쓰다 보면 생각의 반쯤 표현이 되는 것 같아 횡재한 기분이다. 이것이 컴퓨터를 쓰지 않는 이점이 아닐까 한다. 큰 공을 세운 것 같은 기쁨마저 느낄 때가 있다.

그러다 자칫 단어 하나 잘못 선택하게 되면 수없는 사족을 달고 엉뚱한 방향으로 흐른다. 왈, 삼천포로 빠진다는 말이 아닌가. 그뿐 아니다. 내용이 바뀐 글은 결미를 찾아 헤매고 급기야 꽁지 빠진 새가 된다. 한동안 빠진 꽁지를 찾아 방황한다.

마음에 안 드는 부분을 화두로 가사 일을 하면서, 잠을 자면서도 생각한다. 자연스러운 문맥과 무리하지 않는 문장의 절제를 고뇌한다.

여행을 다녀온 오월부터 팔월까지 쓴 글 A4 용지 31매를 컴퓨터로 정리하고 묶어 미완의 완성을 한다. 그리고 타인의 작품을 감상하듯 수 없이 읽는다. 거의 외워질 듯하다. 그러면 진력이 난다. 그리고는 그 글로부터 떠난다. 못쓰게 된 물건 버리듯 잊고 해방된다. 온갖 정성들여 양념을 마친 음식을 숙성시키듯 넣어둔다.

얼마 후 다시 꺼낸다. 어떤 글이 되었는지 궁금하다. 예리한 칼날 같은 마음으로 냉정하게 대한다. 처음부터 잘 쓰지 못한 글에게 미안한 생각마저 든다. 이때에 불치병처럼 들고 일어나는 못난 생각이 있다. 조금이라도 재능이 있었다면 하는 미련함을 어쩌랴.

잘 되지도 않은 기행문을 나름대로 마치고 나니 머리카락이 반 쯤 빠진 듯하다. 이십 년을 넘게 다닌 단골 미용실을 가지 않았다. 머리카락 수가 줄고 늘고는 그녀의 손길로 판단될 것이며 뻔한 말을 할 것이다.

그들은 꼭 말을 한다.

“어디 편찮으셨어요. 머리카락 수가 많이 줄었네요, 머리손질 열심히 받으셔야 겠어요.”

마릴린 몬로나 오드리 햅번이라면 모를까. 머리카락 수가 좀 줄었다고 문제가 되는 것은 아닐 텐데 말이다. 자신의 수익을 위해서일까, 진실로 내 머리카락을 위한 말일까. 저울질하며 따지고 싶지 않다. 내게는 오직 머리카락이 몽땅 다 빠져나가는 한이 있더라도 제대로 된 글 한 편 쓰고 싶은 욕망만이 가득하다. 잘 쓰지도 못한 기행문 한 편 쓰고 머리카락이 빠졌다면 얼마나 무능한 일인가, 타고난 각자의 길이 있거늘 제 분수를 지키지 못하고 가당치 않은 행위를 하고 있는 것 같다.

글쓰기 참 어렵다. 제대로 된 글 한 편 써 보지 못한 채 글쓰기를 접을까 한다. 아는 게 있어야 쓰고 말고 하지 않겠나 라는 생각은 무엇을 모르는지조차 알지 못하는 것에 스스로 놀란다. 알고 있지 않으면서 안다고 생각하는 무지를 깨닫는다.

쥐뿔같이 모르는 것까지도 아는 체 하면서 많이 아는 것처럼 자랑 삼고 싶었던 지난날이 매우 부끄럽다. 그러나 이 세상에는 나보다 못한 사람은 한 사람도 없다는 한 가지만은 뿌리 깊게 알고 있다. 무재능에 메주땡이가 분수인 것은 분명하다.

미모가 뛰어나고 재능이 있다면, 세상 넓은 줄 모르고 좁은 치마 자락 펄럭이며 날뛸 것을 염려하여 메주땡이로 태어나게 하신 어머니의 선견이 놀랍도록 신기하다.

마음공부를 많이 하신 어른의 말씀이 생각난다.

'깊은 산속 절 찾지 말고, 내 집 대문 밖 불쌍한 사람 거두라.

머리를 맞대면 손익을 따지게 되니 두통이 되고 가슴을 맞대면 마음이 합쳐지니 소통이 된다.'

이 말씀 명심하고 실천하면 좋은 글 쓸 수 있을까. 누구나 열심히는 할 수 있지만 잘 할 수 있는 것은 아니다. 나는 잘 하고 싶다. 글쓰기를 접는 일이 지혜로운 짓인지 한번 생각해 보는 봄이다. 글쓰기 쉽지 않아요.

조선일보

8 1999년 8월 17일 화요일 43판 제24450호

겸손하고 교양있고 예의바른 세계인이 되는 길

주택가의 '주차 전쟁'은 어제 오늘의 이야기가 아니다. 우리 동네도 마찬가지여서 골목은 언제나 자동차들로 가득 차 있고, 주차 문제로 하루가 멀다 않고 크고 작은 시비가 벌어지곤 한다. 내 집 앞에 내 차도 제대로 세우지 못하는 삭막한 동네 인심에 차라리 동네를 뜨고 싶은 마음마저 들기도 한다.

어느날 마침 비어 있는 우리 대문 앞에 찾아오신 손님의 차를 세웠다. 손님은 시간도 늦고 마침 폭우가 퍼붓기 시작해 하룻밤 묵어가기로 했다. 밤늦게 꺼낼 물건이 있어 차에 갔더니 쪽지가 붙어 있었다.

⑭ 살벌한 駐車경고

내집앞에 세운 손님 車에
"주차주의, 책임못져" 쪽지
이것이 이웃 인심인가

金／福／任

'주차주의! 책임못져!'

너무도 공포감을 느끼게 하는 문구에 할 말을 잃고 말았다. 남의 집 앞에 차를 세운 것은 차치하고라도, 설사 자기 집 앞에 다른 사람의 차가 주차되어 있다 하더라도 이웃에게 이래서는 안되는 것 아닌가…

너무도 마음이 상한 손님은 늦은 밤 위험을 무릅쓰고 빗속을 헤치며 돌아갔다. 나는 돌아가는 손님을 지켜보며 미안한 마음을 가눌 길 없었다.

도대체 그런 문구밖에는 쓸 수 없는 가여운 이웃에 대한 연민으로 나는 그날 밤을 하얗게 밝혔다. 어쩌다 우리 이웃들이 이처럼 황폐해졌는지 절망감을 느끼지 않을 수 없다. 절대적으로 부족한 주차공간 때문에 불가피한 일이라고 자위도 해보지만, 그래도 함께 사는 이웃으로서 최소한의 예의는 지켜야 하는 것 아닐까?

/55·주부·서울 마포구 성산동

등단평

김복임님의 응모작 〈삼계탕〉, 〈번뇌탁(煩惱濁)〉, 〈어느 강의에서〉 세 편을 읽었습니다. 김복임님의 글에는 뛰어난 이야기꾼의 솜씨가 있습니다. 그는 삶의 뒤안길에 숨겨진 구김살 속에서 홀로이 아픔을 반추하며 갈등하며 고뇌합니다. 고뇌는 성찰로 이어지고, 그 성찰은 다시 행복을 잉태합니다. 이 점이 수필문학의 묘(妙)로 수필을 차원 높은 경지로 이끌어가는 길이 되기도 합니다. 이 묘를 터득한 김복임님은 이미 등단작가로 수필집 『쥐뿔』을 발간한 중견작가입니다. 또다시 재 등단의 문을 두드린 것은 창작 공간의 확대로 나를 넘어, 따뜻한 가슴을 데우려는 마음, 즉 문학에의 정열입니다.

〈삼계탕〉에서 '기다림의 미학'을, 〈어느 강의에서〉는 '앎의 신선한 충격'을 형상화하였습니다. 고른 수준의 작품이지만 그 중에서도 산업화 속에서 자연과의 공생공존의 섭리를 잃어버린 현대인의 삭막한 심성을 그린 〈번뇌탁(煩惱濁)〉을 추천작으로 선정하였습니다.

이 작품은 집에서 기르던 개를 중심으로 하여 자연 친화적인 삶을 사는 가장과 산업화로 해체되어가는 동네 인심을 대비하여 인간 심성의 황폐화를 그린 수준 높은 작품입니다.

작가의 성숙한 인생과 남달리 사물을 바라보는 시각을 지녔기에 앞으로 좋은 작품쓰리라 믿습니다.

정진을 빕니다.

이현복

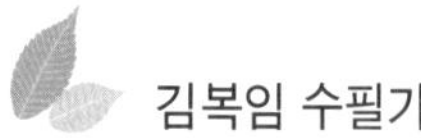
김복임 수필가

연세대학교 문예 창작(수필) 수료
한국문인협회 회원
문학공간 등단
공간 수필부문 문학상
한국 공간 수필가협회상

〈저서〉
꽃봉이의 세계여행
수필집 『쥐뿔』(2007)

단풍이 곱던 날

2018년 12월 25일 1판 1쇄 인쇄
2018년 12월 30일 1판 1쇄 발행

저　자 • 김복임
발행자 • 한정주
발행처 • 교육과학사

경기도 파주시 광인사길 71
전화 • 031)955-6956~8 / 팩스 031)955-6037
Home-page • http://www.kyoyookbook.co.kr
E-mail • kyoyook@chol.com
등록 • 1970년 5월 18일 제2-73호

정가 15,000원
ISBN 978-89-254-1339-6